Eine ganz persönliche Seite

Mein Name ______________________________

Warum ich singe? ______________________________

Seit wann ich singe? ______________________________

Mein erstes Lieblingslied: ______________________________

Mein Lieblingslied heute: ______________________________

Wann ich das erste Mal Stimmbildung oder Gesangsunterricht hatte? ______________________________

... und bei wem? ______________________________

Wann ich im Chor gesungen habe und in welchem?

____

Wenn ich singe, dann ... alleine, mit Partner/-in, einer Band, im Chor, im Auto, in der Badewanne ...

____

Für welche Sänger/-innen oder Bands ich heute schwärme?

____

Welche Musik mich begleitet? ______________________________

Was ich höre, wenn ich gut drauf bin? ______________________________

Was ich höre, wenn ich traurig oder nachdenklich bin?

____

Mit wem ich gern mal auf der Bühne stehen würde?

____

Dieses Buch möchte dich begleiten, ein Arbeitsbuch für dich sein, in das du hineinschreiben kannst. Versiehst du deine Eintragungen mit dem Datum, kannst du von Zeit zu Zeit aktuell ergänzen und die Veränderung sehen. Mehr Platz dafür findest du hinten im Buch.

4. Auflage 2026

Max-Eyth-Straße 41 · 71088 Holzgerlingen
Internet: www.scm-verlag.de; E-Mail: info@scm-verlag.de

Umschlags- und Gesamtgestaltung: Alexandra Schlierf
Titelbild und Illustrationen: Tiki Küstenmacher
Foto Tiki Küstenmacher, Seite 124: privat
Foto Beate Ling, Seite 126: Rahel Täubert
Druck und Bindung: Drukarnia Dimograf
Gedruckt in Polen
ISBN 978-3-7751-6099-5
Bestell-Nr. 396.099

Beate Ling
Tiki Küstenmacher (Illustrationen)

Gesangscoaching **to go**

Stimme entfalten – Persönlichkeit stärken

Singen heißt: Sich selbst geben,
die ganze Persönlichkeit hineinlegen
in ein Lied, ein Wort,
einen bestimmten Ton.
Nur wer so singt, löst etwas
bei den Menschen aus, die zuhören!

Beate Ling

Albert Frey, Autor / Musikproduzent

„Popgesang gewinnt immer weiter an Bedeutung, von Casting-Show bis Worship-Band. Eine hochwertige und ausdrucksstarke Gesangsperformance berührt tief. Doch wie können Talente auf dem oft steinigen Weg dorthin begleitet werden? Lokaler, oft klassischer Gesangsunterricht oder autodidaktisches Ausprobieren sind nicht immer hilfreich. Beate Ling vereint auf einzigartige Weise langjährige Erfahrung als Sängerin und Coach für Pop und Musicalgesang, fundierte Gesangstechnik und ganzheitliche Aspekte. All das fließt in ihr Buch ‚Gesangscoaching to go' ein. Es gibt eine solide Orientierung und ist ein wunderbarer Begleiter, den ich wärmstens empfehlen kann."

Chris Lass, Gospelcoach

„‚Lachen ist die beste Medizin' – ‚und singen!', würde ich anhängen wollen! Jede Woche darf ich mehrmals mit Menschen singen und erlebe an mir selbst sowie mit ihnen, wie gut es der Seele, aber eben auch dem Körper tut, zu singen. Vor allem in Deutschland glauben noch viel zu viele Menschen, sie ‚könnten nicht singen' oder sie ‚hätten kein Talent'. Damit bringen sie sich um ein wunderbares Erlebnis. Ich bin zutiefst davon überzeugt, dass jeder Mensch singen lernen kann. Es ist ein Handwerk, und es gibt so viele gute Tipps zum Verständnis für den Umgang mit der eigenen Stimme – die man ja nun einmal nicht sieht –, dass das Singen plötzlich leichtfällt und den Körper lockert.

Beate habe ich mehrmals erleben dürfen, ihre besondere Art, Menschen zu begeistern und durch ihre Stimme zu berühren. Dass sie ihre Tipps und Tricks nun in ein Buch gegossen hat, ist etwas, das nicht jeder Sänger könnte. Ich wünsche dir, liebe Leserin / lieber Leser deshalb, dass du mit diesem Buch über dich hinauswächst, deine Stimme spürst und dich selbst berühren darfst!"

Hans-Martin Sauter, Kirchenmusikdirektor / Chorleiter

„Endlich kommt dein Buch mit all den wertvollen Tipps, Übungen und hilfreichen Bildern, die ich seit Jahren in deinen Seminaren, Workshops und bei Chorevents erlebe. In unzähligen Stimmbildungsseminaren hast du in den unterschiedlichsten Zusammenhängen einfühlsam und in deiner einzigartigen Unterrichtsweise sowohl Beginnende als auch fortgeschrittene Solistinnen und Solisten erfolgreich ausgebildet. Viele top Sängerinnen und Sänger haben bei dir eine Initialzündung ihrer stimmlichen Präsenz erfahren.

So auch im LAKI-PopChor (Popchor der Evang. Landeskirche), der über die Jahre zu einem semiprofessionellen Chor gereift ist. Dabei profitieren nicht nur die Chormitglieder, sondern auch ich als Leiter: von deinen Einsingübungen, bildhaften Klangvorstellungen und Interpretationshilfen, von deiner Gabe, die Sensibilität für Text zu wecken, deinen pop- und gospelspezifischen Ausspracheipps bis hin zu Bühnenpräsenz, Outfit und Dramaturgie. Und deine geistlichen Impulse, dein Umgang mit unseren Liedern, ja dein gelebter Glauben, öffnen weitere Fenster. Deine sympathische und unnachahmliche Art, mit dem sensiblen Organ ‚Stimme' umzugehen und alle behutsam an ihrem jeweiligen Punkt abzuholen, hat die Persönlichkeit vieler junger Menschen gestärkt und gefestigt – und mir als Chorleiter ganz neue Türen der Interpretation und des Chorsounds geöffnet – bei der kleinen Chorprobe wie auch dem großen Chorevent. Das lässt sich natürlich am besten live erfahren, doch das Buch ist eine tolle Vorlage.

Dieses Buch ist ein ‚Muss' für alle Chorleiter/-innen, die sich in ihrer Chorarbeit um mehr als nur ‚richtige Töne' bemühen, und eine Grundlage für Chorleitungsseminare, um dabei die Wichtigkeit der Ausbildung und Pflege der einzelnen Stimme hervorzuheben – ich freue mich darauf!"

Vorwort

Immer wieder werde ich im Anschluss an Seminare und Workshops gefragt, ob es irgendwelche Aufzeichnungen oder ein Handout passend zu den Inhalten gäbe. Über viele Jahre habe ich mich tatsächlich dagegen gewehrt, diese den Teilnehmenden schriftlich zugänglich zu machen. Es gibt schließlich schon so viel Literatur zu diesem Thema!

Die wiederholte Nachfrage und das Mut-Machen einiger Ratgeber in meinem persönlichen Umfeld haben mich nun doch dazu veranlasst, etwas zu schreiben – und hier ist es nun: mein „Gesangscoaching to go". Alles, was ich darin aufgeführt habe, lässt sich schnell und unkompliziert ausprobieren und führt zu einem besseren Umgang mit der Stimme. Es geht nicht darum, das Thema vollständig abzuhandeln, und es handelt sich hierbei auch nicht um eine wissenschaftliche Ausführung, sondern um möglichst einfach anwendbare und sehr hilfreiche Tipps.

Die Stimme zu entdecken und auszuprobieren, ist etwas sehr Persönliches. Nichts verletzt mehr als Kritik an der eigenen Stimme, da sie unmittelbar unsere Empfindungen und unsere Persönlichkeit widerspiegelt. Arbeit an der Stimme und an der Persönlichkeit funktioniert nur in einem geschützten und vertrauensvollen Rahmen. Darum biete ich den Teilnehmenden meiner Seminare grundsätzlich das „Du" an und werde dich in diesem Coachingbuch auch mit „Du" ansprechen.

Natürlich ersetzt kein Buch der Welt den Einzelunterricht unter vier Augen, denn Stimme ist etwas ganz Individuelles! Wenn du dieses Buch in den Händen hältst und mehr wissen möchtest, bist du herzlich eingeladen, mit mir für ein privates Einzelcoaching Kontakt aufzunehmen.

In meinen Workshops arbeite ich kommunikativ und sehr individuell mit den Teilnehmenden und das kann ein solches Buch leider nicht transportieren. Daher würde ich mich auch sehr freuen, dich bei einem meiner Seminare begrüßen zu dürfen: Du erhältst dort über den Inhalt dieses Buchs hinausgehende und mit persönlichen Erlebnissen ergänzte und erweiterte Informationen.

Nun wünsche ich dir viel Spaß beim Lesen und – noch wichtiger – beim Ausprobieren und Erfahrungen sammeln!

Herzlichst

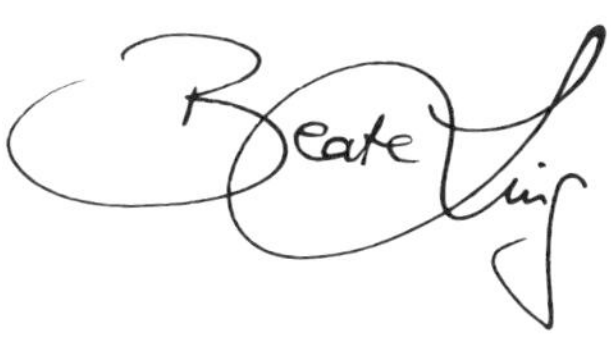

Warum Gesangscoaching?

Beim Gesangsunterricht geht es in erster Linie um die Stimmbildung. Wichtige Punkte sind dabei Körperhaltung, Atemtechnik, Resonanz, Stimmklang und Aussprache. Beim Gesangscoaching ist der Gesangsunterricht zwar ein wichtiger Bestandteil, aber die Persönlichkeit der Sängerin / des Sängers wird ganzheitlich gefördert. Das heißt, es werden zusätzliche Aspekte wie Körpersprache, Bühnenpräsenz und psychologische Zusammenhänge berücksichtigt.

In meinen Stimmbildungsunterricht fließen unterschiedliche Methoden ein. Viele Übungen stammen aus der klassischen Gesangstechnik, mit der ich selbst angefangen habe, das Singen zu lernen, bis hin zur „Speech-Level-Technik" von Seth Riggs, die ich im Rahmen eines Stipendiums in den USA erlernt habe. Aus diesen Techniken und meiner langjährigen Erfahrung als Sängerin und Gesangscoach habe ich ein stimmiges Gesamtkonzept entwickelt.

Du findest in diesem Buch viele verschiedene Basisübungen, mit denen du deine Stimme schnell und wirkungsvoll trainieren kannst. Allerdings führt nur fleißiges und regelmäßiges Üben zu Fortschritten.

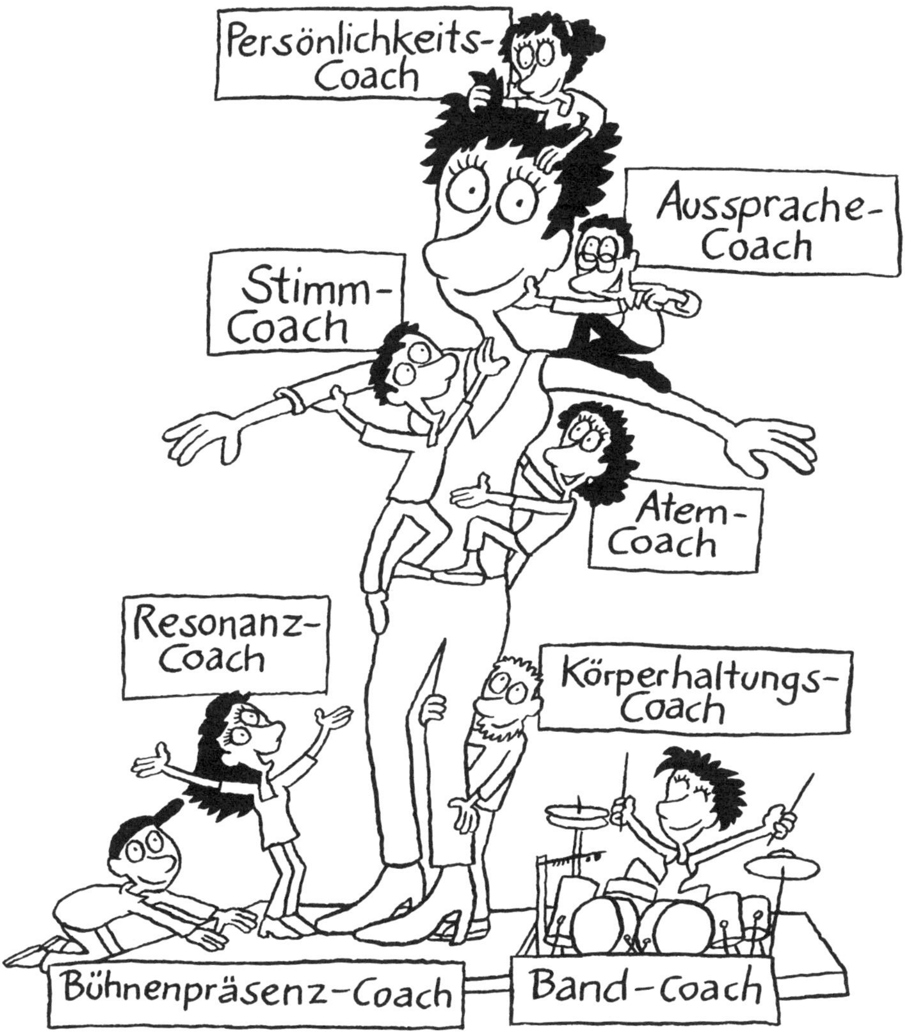
Persönlichkeits-Coach
Aussprache-Coach
Stimm-Coach
Atem-Coach
Resonanz-Coach
Körperhaltungs-Coach
Bühnenpräsenz-Coach
Band-coach

Zwei Passanten begegnen sich auf der Straße.
Fragt der eine den anderen: „Entschuldigen Sie,
können Sie mir sagen, wie ich zur Oper komme?"
Antwortet der andere: „Üben, üben, üben!"

überliefert

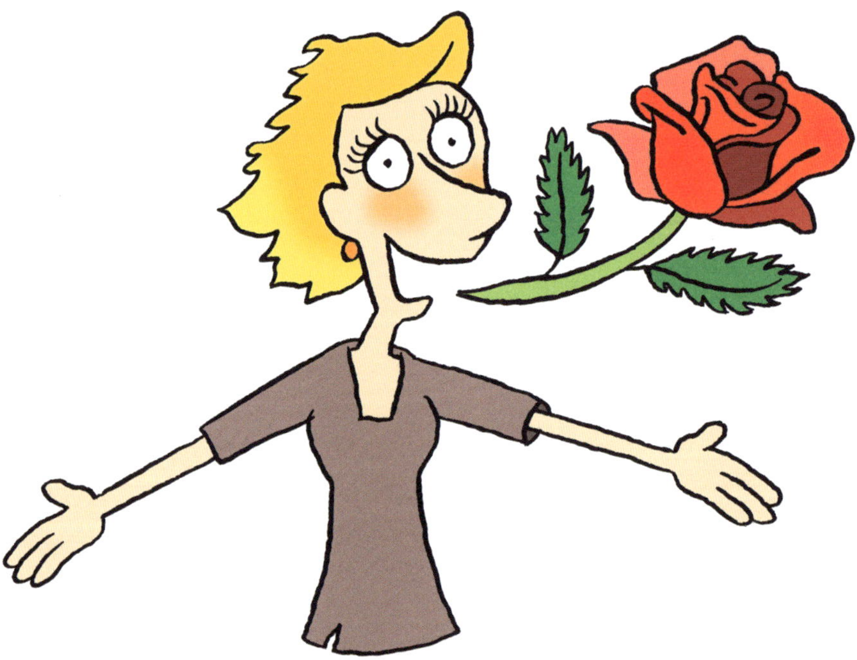

1

STIMME ENTFALTEN

Stimme entfalten

Um die eigene Stimme zu entfalten, sind verschiedene Dinge erforderlich. Talent zum Singen ist zwar vorteilhaft, aber wer weiterkommen will, braucht eine fundierte Gesangstechnik als Basis. Die ersten wichtigen Bausteine auf deinem Weg zur Stimmentfaltung sind also die Stimmbildung und technisches Know-how.

Die Stimme ist dein ganz persönliches Instrument und die dazugehörige Stimmbildung ist daher auch sehr individuell. Wenn du schnell vorankommen möchtest, ist somit das Beste, mit einem/einer Gesangslehrer/-in zusammenzuarbeiten. Nichts geht über regelmäßigen Unterricht und regelmäßiges Üben, auch unter Anleitung! Ich führe hier nur Übungen und Tipps auf, die ich in meinen Kompaktseminaren oder auch in größeren Gruppen weitergebe und die man einfach und gefahrlos alleine ausprobieren kann.

Es gibt deutliche Unterschiede zwischen einer klassischen Gesangsausbildung und der Gesangstechnik in der Popmusik. In diesem Buch erhältst du Stimmbildungstipps für das Singen von Popsongs. Am Schluss dieses Kapitels sind alle diese Tipps in einem Warm-up mit verschiedenen praktischen Übungen zusammengefasst, sodass du sämtliche Bereiche ganz einfach und wirkungsvoll trainieren kannst.

Noch ein Hinweis, bevor es losgeht: Über die Anatomie des Stimmapparates und Fachausdrücke kannst du dich im Internet ganz leicht selbst informieren – ein Mausklick und du findest unglaublich viele Infos, Erklärungen und Bilder. In meinem „Gesangscoaching to go“ verzichte ich aus diesem Grund auf solche Ausführungen.

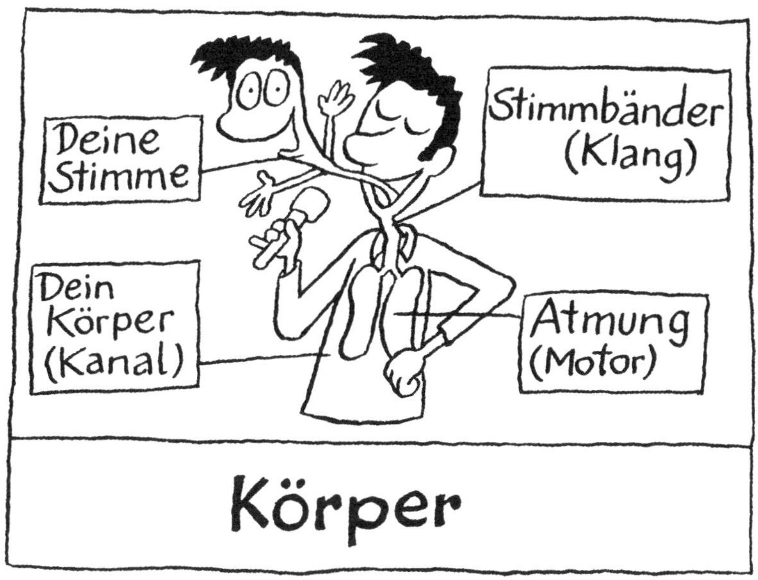

Körper

Deine Stimme „wohnt in deinem Körper“. Ähnlich wie ein akustisches Instrument (z. B. ein Klavier) ein Gehäuse hat, so ist der Körper das „Gehäuse“ deines persönlichen Instruments. In Form deines Körpers bringst du somit alles mit, was du für deine Stimme beziehungsweise zum Singen brauchst. Zugleich ist der Körper der Kanal, durch den deine Stimme fließt.

Die körperlichen Vorgänge beim Singen sind sehr fein aufeinander abgestimmt, und vieles funktioniert von ganz alleine richtig, ohne dass du es bewusst steuern musst. Wenn der Kanal allerdings „verstopft“ ist – ähnlich wie eine Regenrinne im Herbst durch die fallenden Blätter –, kommt es zu Störungen. Deswegen ist ein gutes Körpergefühl sehr wichtig. Hierzu gibt es einige Dinge, auf die du achten kannst: gesunde Ernährung, viel Flüssigkeitszufuhr (Wasser, Kräutertee, Saftschorle) und sportliche Fitness. Sei dir bewusst, dass Singen harte Arbeit ist! Kondition ist eine wichtige Voraussetzung, körperlich und stimmlich durchzuhalten, gerade bei Auftritten.

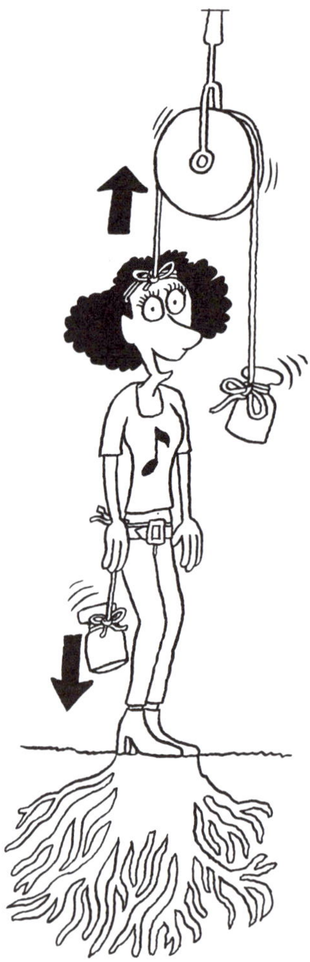

Alles, was deinem Körper guttut, hat auch positive Auswirkungen auf deine Stimme.

Der optimale Stand

Der Stand beim Singen ist geerdet, ausbalanciert und fest. Stelle dich so hin, dass deine Füße ungefähr schulterbreit auseinander stehen und dein Gewicht gleichmäßig auf beiden Beinen verteilt ist. Die Knie sind nicht ganz durchgedrückt. Stell dir vor, dass am Steißbein ein Gewicht hängt und dich gleichzeitig ein Faden am höchsten Punkt des Kopfes nach oben zieht. Dadurch ist dein Oberkörper gerade aufgerichtet und du kannst frei atmen. Deine Füße schlagen tiefe Wurzeln in den Boden. Dieses Gefühl des Verwurzeltseins gibt dir Sicherheit beim Singen.

Deine Arme lässt du locker am Körper hängen. Die Schultern sind entspannt und nicht nach oben gezogen, hängen aber auch nicht nach vorne, um den Brustraum nicht einzuengen. Der Kopf sitzt ganz entspannt auf der Nackenwirbelsäule. Neige ihn dazu langsam etwas nach vorne, dann nach hinten, und finde die Position, in der er sich schwerelos anfühlt. Kleiner Test: Kinn und Boden sind parallel! Nun stehst du richtig.

Die richtige Körperspannung

Die Körperspannung und das Körpergefühl sind entscheidend für die Tonqualität und deinen späteren Wunschklang. Eine gute Grundspannung kannst du aktivieren, indem du den eben beschriebenen richtigen Stand zum Singen einnimmst. Dabei wird deine Wirbelsäule gestreckt und in Bauch und Rücken ist eine leichte Muskelanspannung spürbar. Diese Spannung darf dich allerdings nicht steif und unbeweglich machen. Stell dir vor, du bist ein Seiltänzer, der sowohl Körperspannung für eine aufrechte Haltung als auch Beweglichkeit zum Ausbalancieren benötigt.

Wenn du später für eine bestimmte Stelle in einem Lied noch mehr Energie und Klangvolumen benötigst, kannst du zusätzlich das Gesäß anspannen. Hier hilft die Vorstellung, eine Münze eingeklemmt zu halten, die nicht herunterfallen darf.

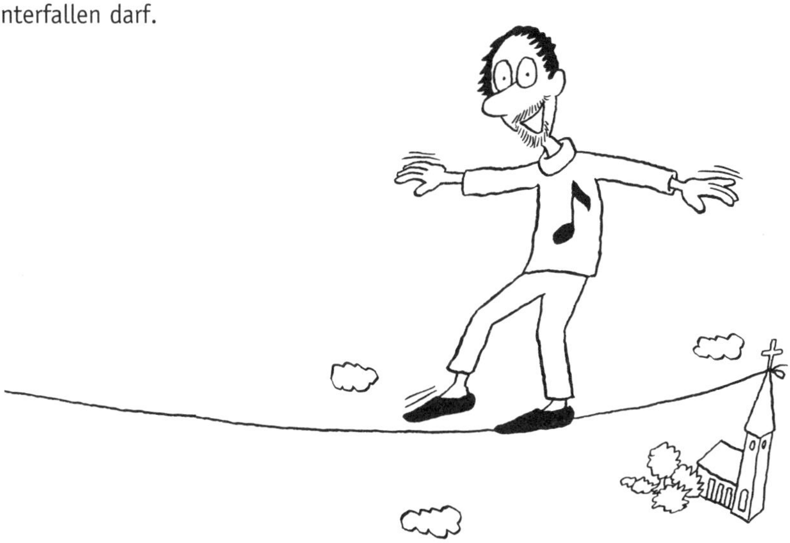

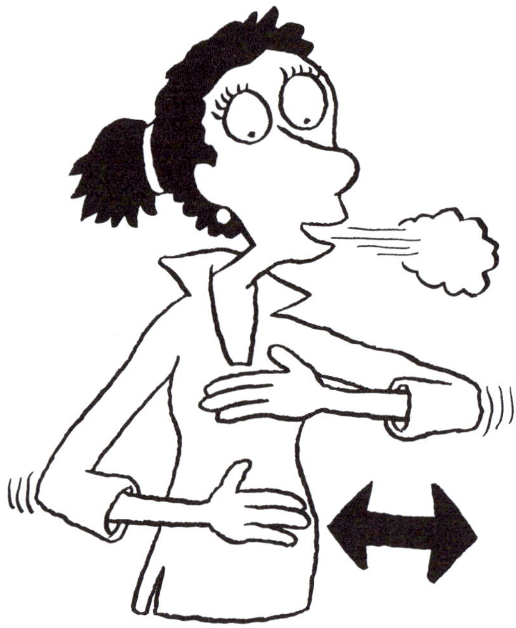

Atmung

Die Atmung als Motor

Die Atmung ist der Motor deiner Stimme. Wie bei einem Fahrzeug ist der Motor zwar sehr wichtig, aber das ganze Fahrzeug ist nötig, damit wir von A nach B kommen: Bei allem, was nun folgt, darf daher das bereits Gelernte nicht vergessen werden.

Babys atmen von Geburt an mit der gesunden Bauchatmung, die wir Erwachsenen meist verlernt haben. Lediglich im Liegen atmet jeder Mensch automatisch richtig. Beobachte gerne einmal bei nächster Gelegenheit ein Baby und dessen Atmung: Du wirst dabei deutlich sehen können, wie sich die Bauchdecke hebt und senkt.

Mit dem „Atemhilfsgriff" kannst du die sogenannte Tiefatmung überprüfen und feststellen, ob du richtig atmest: Lege eine Hand auf den Bauch oberhalb des Bauchnabels, die andere auf die Brust. Atme nun bewusst durch die Nase ein – so als würdest du an einer Blume riechen, dann stellt sich die Tiefatmung leichter ein. Atme anschließend wieder durch den Mund aus. Indem du durch die Nase einatmest, sorgst du übrigens nebenbei dafür, dass die eingeatmete Luft angewärmt und angefeuchtet wird, bevor sie in die Lunge gelangt. (Das hilft mir, Erkältungen und Heiserkeit vorzubeugen, wenn ich in den Wintermonaten Konzerte in kalten Kirchenräumen gebe.)

Achte nun auf deine Hände: Wenn du richtig atmest, wandert die Bauchhand beim Einatmen nach außen und beim Ausatmen wieder nach innen. Die Brusthand bewegt sich im Gegensatz dazu kaum. Insgesamt ist es nicht erforderlich, die Atemmuskulatur bewusst zu kontrollieren oder zu trainieren, außer du hebst dabei fälschlicherweise Brust und Schultern. Alle benötigten Muskeln sind bereits stark genug für das Singen.

Luft geht durch die Nase rein (Einatmen) – Bauch geht raus! Luft geht durch den Mund raus (Singen/Sprechen) – Bauch geht rein![1]

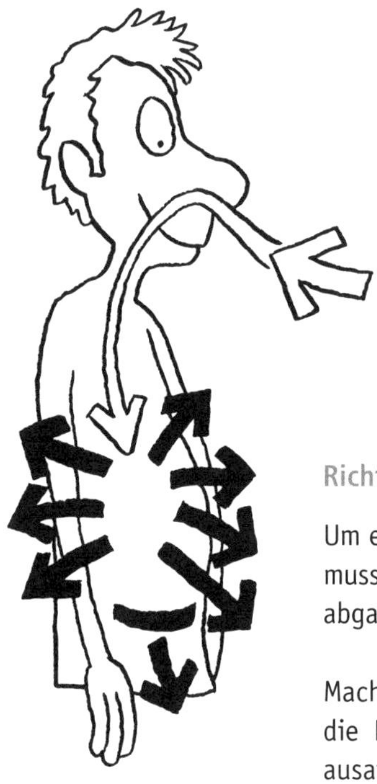

Richtig stützen

Um einen klaren und gleichmäßigen Ton singen zu können, musst du deine Stimme „abstützen" und dafür deine Luftabgabe beim Singen kontrollieren.

Mach dir diesen Stützvorgang bewusst, indem du durch die Nase ein- und möglichst lange auf „fffffff" wieder ausatmest. Dafür musst du die Luft gut einteilen und sie ganz langsam ablassen. Du wirst spüren, dass sich in der Zwerchfellgegend Muskeln anspannen und dein Bauchumfang wie ein Luftballon ganz langsam kleiner wird. Atme nochmals ein und sprich nun impulsiv die Konsonanten „p", „t", „k" mehrmals nacheinander. Dein Unterbauch bewegt sich dabei nicht mehr gleichmäßig wie bei der vorigen Übung nach innen, sondern ruckartig – eher wie ein Presslufthammer.

Die Muskeln, die du eben bewusst gespürt hast, stützen und entlasten deine Stimme. Sie sind die Basis für ein entspanntes und sicheres Singgefühl, und du kannst sie ganz einfach mit folgenden Übungen trainieren – verwende dabei den Atemhilfsgriff:

Übungen zur Atmung

Atme zunächst aus, atme ein und sprich dann **„tsch-tsch-tschhhhhhhhhh“**. Beim letzten „Tschhhh“ lässt du die restliche Luft langsam ausströmen.

Wiederhole die Übung auch mit den Buchstabenfolgen **„ks“, „ts“, „pf“** und schließlich nur auf **„s“**.

Atme wieder tief ein, und sprich solange der Atem reicht **„p-t-k, p-t-k …“** als kurze Impulse hintereinander.

Hechle wie ein Hund:
Das lockert die Muskulatur wieder.

Atme erneut ein und sprich **„s-s“ und „tsch-tsch“** im Wechsel.

Lache „aus vollem Bauch heraus“. Lachen ist sehr gesund und sorgt neben der Aktivierung der Atemmuskulatur auch noch für ein gutes Körpergefühl.

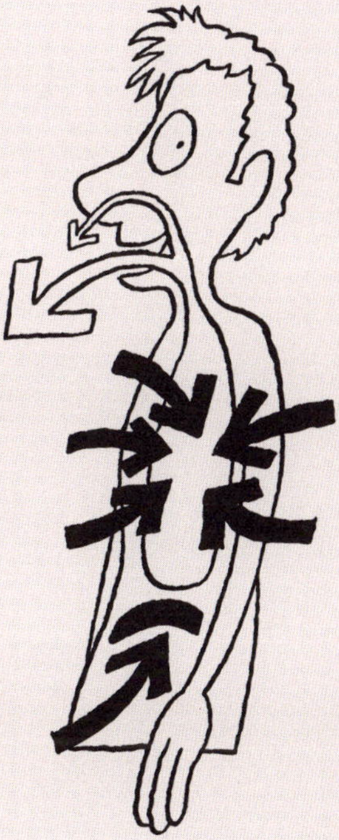

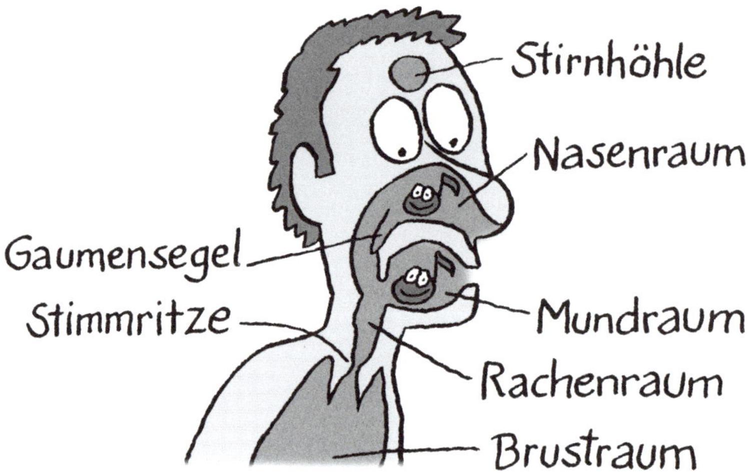

Töne und Klang

Resonanz

Natürlich schwingt der ganze Körper, denn unser Instrument „Stimme" wohnt ja in unserem Körper. Aber für den Klang hauptverantwortlich sind deine Resonanzräume. Als solche werden die Räume oberhalb der Stimmritze bezeichnet. Dein Stimmklang entsteht in diesen Hohlräumen, daher darfst du zum Höhlenforscher werden und sämtliche Höhlen in deinem Kopf erschließen: die Mundhöhle, die Nasen(neben)höhlen, die Kieferhöhlen und die Stirnhöhle. Spüre beim Singen und Summen bewusst das leichte Kribbeln, das durch die Resonanzen in diesen Bereichen verursacht wird.

Mit deinen Stimmbändern kannst du ganz verschiedene Töne erzeugen. Dadurch ist jedoch noch lange nicht festgelegt, wie sie klingen. Es kommt nun darauf an, sie so zu formen und zu platzieren, dass ein angenehmer Wohlklang entsteht und deine Töne ihren eigenen Charakter und Charme erhalten.

Stell dir vor, jemand würde auf einem Gitarrenkorpus aus Gummi versuchen, Gitarre zu spielen. Das Instrument würde überhaupt nicht klingen, da der Hohlraum zwar vorhanden wäre, aber der schlaffe Resonanzkörper keine Schallwellen transportieren könnte. Ganz anders ist der Klang bei einem festen und gespannten Holzkorpus! Ähnlich verhält es sich auch mit deinen Resonanzräumen: Wenn du keine Spannung in dir hast, kann deine Stimme nicht klingen.

Diese klangformende Spannung kannst du aktivieren, indem du dir etwas Schönes vorstellst und mit einem erfreuten „Ohhh!“ und „Ahhh!“ darüber staunst. Rufe diese positive Spannung jedes Mal ab, bevor du zu singen beginnst. Du hast es in der Hand, ob du deine Resonanzräume nutzt und sie in Spannung versetzt (Holz) oder sie lasch belässt (Gummi)!

So kannst du auf ganz einfache Art deine Resonanzräume trainieren: Singe auf einem Ton „nunn“ oder „ninn“ mehrmals hintereinander! (Siehe auch Übung 15 der weiterführenden Übungen – Seite 44)

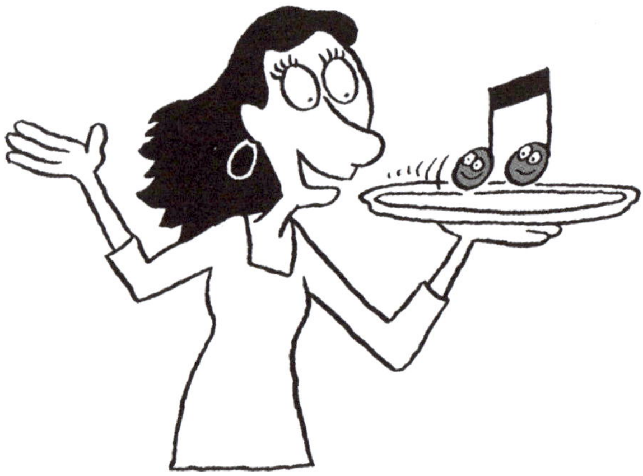

Bilder für einen wirkungsvollen Stimmklang

Da der Klang nicht wirklich greifbar ist, helfen Bildvorstellungen dabei, ihn entsprechend zu formen. Singen hat viel mit „Bildern und Vorstellungen" zu tun. Je nachdem, was man sich beim Singen vorstellt, verändert sich die Klangfarbe der gesungenen Töne. Jeder Gesangscoach verwendet zur Klangoptimierung seine ganz individuellen Bilder. Ich gebe dir hier einige meiner Bildvorstellungen mit auf den Weg, die ich selbst benutze und die durch meine Schülerinnen und Schüler erprobt sind, um Tönen den richtigen Klang zu verleihen. Wenn du später die Übungen zum „Warm-up" (Seite 39) machst, solltest du diese Bilder immer in deiner Vorstellung abrufen.

> Halte beim Singen immer eine staunende Grundspannung: „Aahhh! – Ohhhh!" Sei offen und positiv! Mach innerlich weit auf!

Bildvorstellungen

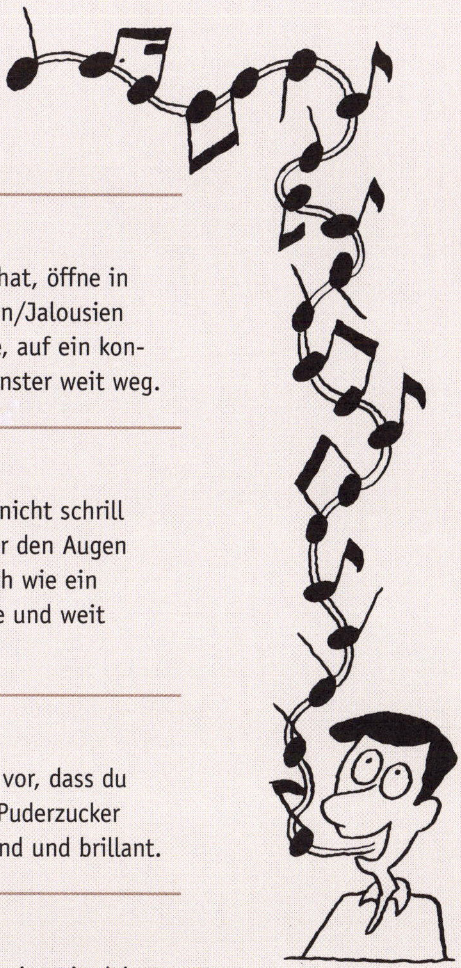

Fenster auf und weg!
Damit dein Klang genügend Reichweite hat, öffne in Gedanken ein Fenster, ziehe die Rollläden/Jalousien hoch und schicke deine Töne nach vorne, auf ein konkretes Ziel gerichtet durch das offene Fenster weit weg.

Töne auf dem Silbertablett servieren
Damit tiefe Töne nicht dumpf und hohe nicht schrill klingen, ist es wichtig, sich alle Töne vor den Augen vorzustellen. Serviere sie dazu gedanklich wie ein Butler auf einem Tablett – in Augenhöhe und weit nach vorn!

Töne mit Sternenstaub bestreuen
Singe mit den Augen und stell dir dabei vor, dass du die Töne mit Sternenstaub, Glitzer oder Puderzucker bestreust. So klingen deine Töne strahlend und brillant.

Die Schnur der Perlenkette singen
Jeder Ton (= Perle) ist klar definiert, aber singe in deiner Vorstellung nicht die einzelnen Perlen, sondern die durchgehende Schnur, auf der sie aufgefädelt sind. So erhältst du einen durchgehenden „Tonbandsound“.

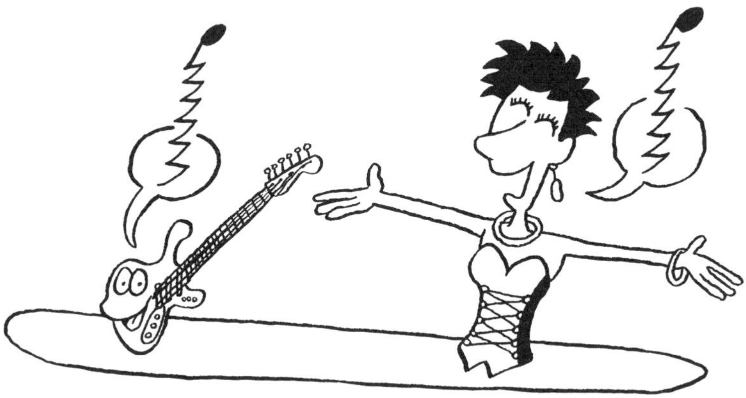

Die richtige Intonation

Wikipedia definiert „Intonation“ wie folgt: *„Intonation bezeichnet in der Musik verschiedene Vorgänge und Tätigkeiten. Mit Intonation wird in der Praxis des Musizierens die Feinabstimmung in der Tonhöhe bezeichnet. Sängerinnen und Sänger und die Spieler mancher Instrumente können durch genaues Aufeinander-Hören Quinten, Quarten und vor allem Terzen abweichend von der gleichstufigen Stimmung rein erklingen lassen. Je besser dies gelingt, umso besser der Klang.“*[2]

„Verschiedene Vorgänge und Tätigkeiten“: Intonation ist also ein komplexer Vorgang! In einfache Worte gefasst, handelt es sich um ein Zusammenspiel von Gehirn, Gehör und Umsetzung über den Stimmapparat: hören – wahrnehmen – umsetzen. Um Töne richtig wiedergeben zu können, müssen diese daher im Gehirn richtig „abgespeichert“ werden.

Wenn du schon als Kind ein Instrument zu spielen gelernt hast oder mit Musik aufgewachsen bist / sozialisiert wurdest, tust du dich hier vermutlich etwas leichter. Gleiches gilt, wenn du in frühen Jahren schon viel gesungen hast. Aber deine musikalischen Kindheitserfahrungen sind nicht alles: Indem du immer wieder zu Musik, ob vom Radio oder von anderen Medien, mitsingst, schulst du deine Intonation.

Für die richtige Intonation ist es wichtig, dass du dein Gehör trainierst. Am einfachsten geht das, wenn du dir auf einem Instrument einen Ton oder eine Melodie vorspielst. So kannst du die Töne „richtig" hören, sie nachsingen und anschließend nochmals mit deinem Instrument überprüfen, ob du die Tonhöhe richtig gesungen/gehalten hast. Die Kontrolle mit einem Instrument ist also immer von Vorteil, wenn du eine Melodie übst oder auch nur deine Übungen machst.

Die richtige Intonation hat neben der Gehörbildung aber auch mit deiner Singtechnik und Stimmbildung zu tun: Je besser du dein Instrument „Stimme" beherrschst, desto leichter fällt dir auch das Treffen der richtigen Töne.

Genaues Zuhören, Nachsingen und Kontrollieren helfen dir dabei, deine Intonation zu verbessern.

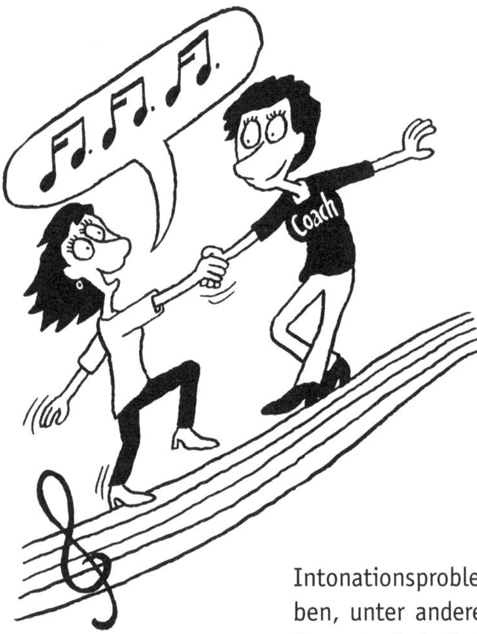

Intonationsprobleme können somit viele Ursachen haben, unter anderem auch Überanstrengung und Erschöpfung. Auch deshalb ist regelmäßiges Trainieren so wichtig (siehe Seite 38–45). Erschöpfung bzw. Kraftlosigkeit ist aber nicht nur eine Folge von zu wenig Kondition – sie kann auch einsetzen, wenn dein Körper nicht genügend Energie zur Verfügung hat. Mit leerem Magen zu singen, ist daher genauso ungünstig wie mit zu vollem! Sollte sich auf Dauer dein Intonationsproblem nicht in den Griff bekommen lassen, ist ein Besuch beim HNO-Arzt unbedingt nötig. Auch anatomische und gesundheitliche Probleme (Knötchen) können Ursache für deine Probleme sein.

Oft ist man mit dem Thema Intonation alleine überfordert oder tut sich schwer dranzubleiben. Aus diesem Grund ist das persönliche Gesangscoaching oder der Einzelunterricht so wichtig! Man wird bei diesem Problem mit fachlichem Know-how unterstützt, Ursachen können erkannt werden, und man bekommt sofort ein Feedback – auch über Fortschritte und Entwicklungen.

Übungen für die Intonation

Singe die Übung in Halbtonschritten versetzt bis zur Oktave und wieder zurück.

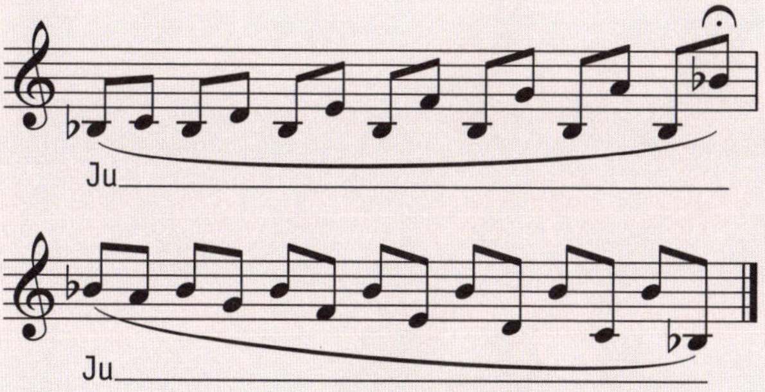

Ü 1

Empfohlener Anfangston siehe Seite 37

Audiodateien siehe Seite 120

Wiederhole die Übung mit allen Vokalen (auf „ja"/„ni"/„je"/„jo") und achte auf einen klaren und reinen Klang.

Achte auf die richtige Körperspannung! Allein dies steigert deine Konzentration und deine Wahrnehmung. Vermeide jede Art von negativer Anspannung!

Kontrolliere die Melodietöne über ein Instrument (Klavier, Gitarre ...).

Singe die Intervalle in „Zeitlupentempo" und achte auf die richtige „Schwingung" auch bei Einzeltönen. Lass dir so lange Zeit, bis sie richtig klingen.

Rufe eine hilfreiche Tonvorstellung ab (siehe Seite 22): Eine gute gedankliche Vorstellung der genauen Tonhöhe ist Voraussetzung für deinen „reinen" Klang.

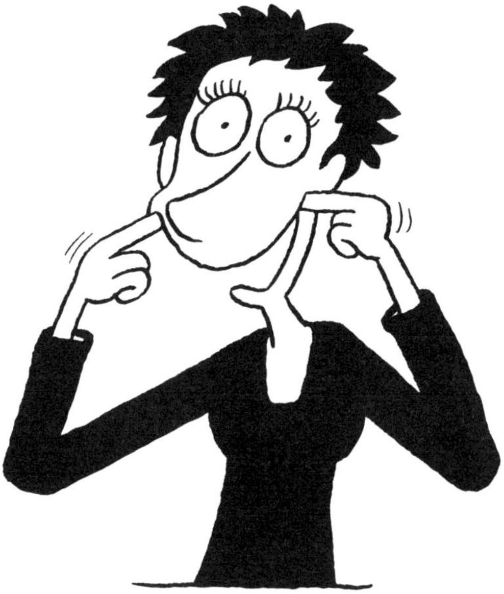

Klang optimieren durch Artikulation

Bei der Klangbildung spielt neben der bildhaften Klangvorstellung auch die Aussprache eine große Rolle. An der Artikulation aktiv beteiligt sind der Unterkiefer, die Zunge, die Lippen und der weiche Gaumen im hinteren Teil deines Rachens. Du kannst sie bewusst steuern, um die Lautbildung zu verbessern. Man nennt sie in der Fachsprache daher auch „aktive Artikulationswerkzeuge". „Passive Artikulationswerkzeuge" hingegen sind die Zähne, der Oberkiefer und der harte Gaumen. Auf sie kannst du so gut wie keinen Einfluss nehmen.

Und das hast du sicherlich schon mal gehört: Wer singen will, muss dabei den Mund aufmachen. Wer mit fast geschlossenen Zähnen singt und spricht, ist schlecht zu verstehen und kaum zu hören. Stell dir vor, du schläfst im Sitzen ein und dein Unterkiefer fällt entspannt nach unten. Genau so weit und entspannt solltest du ihn auch beim Singen öffnen.

Achte darauf, dass dein Unterkiefer immer locker fällt und beweglich bleibt!

Auf den folgenden beiden Seiten findest du ein paar Übungen, um deine Artikulationswerkzeuge zu trainieren.

Übungen zur Artikulation

Schneide wilde Grimassen zur Lockerung.

Massiere dein Gesicht und klopfe es anschließend ab.

Kaue imaginären Kaugummi.

Blase deine Backen mehrmals auf.

Ahme das Geräusch eines Spielzeugautos nach und flattere mit den Lippen.

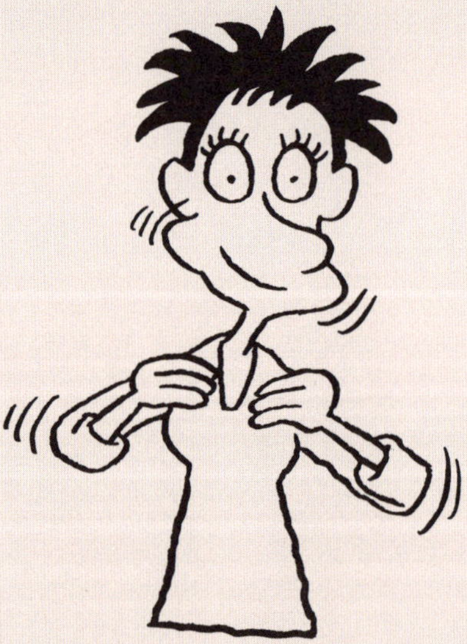

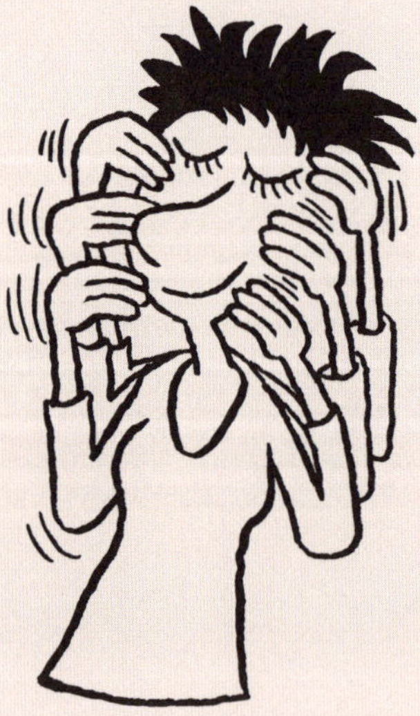

Singe auf einem Ton „bla-bla-bla“ und anschließend „ja-ja-ja“ und sprich dabei sehr engagiert:

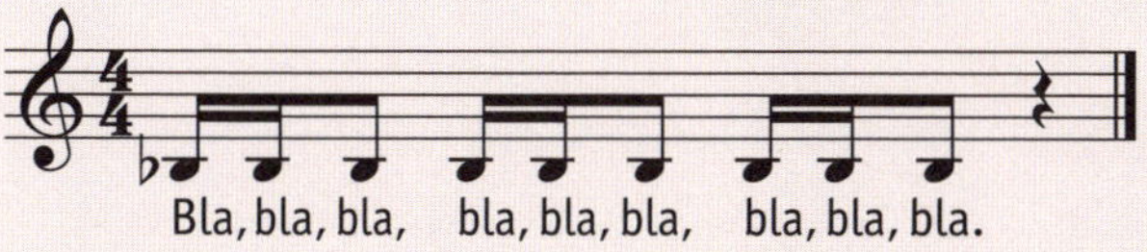

Ü 2

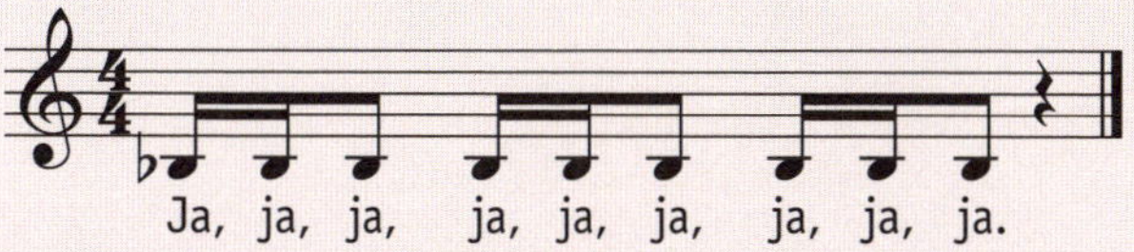

Ü 3

Kleine Sprechübung: Trainiere deinen Zungenrücken (wichtig für eine deutliche Aussprache) mit dem fließenden Wechsel von „a“ auf „ä“ („a-ä-a-ä...“) und werde dabei immer schneller.
Übe auch auf „u-ü“ und „o-ö“.

Trainiere deine Zungenbeweglichkeit, indem du mehrmals hintereinander folgende zwei Phrasen singst:

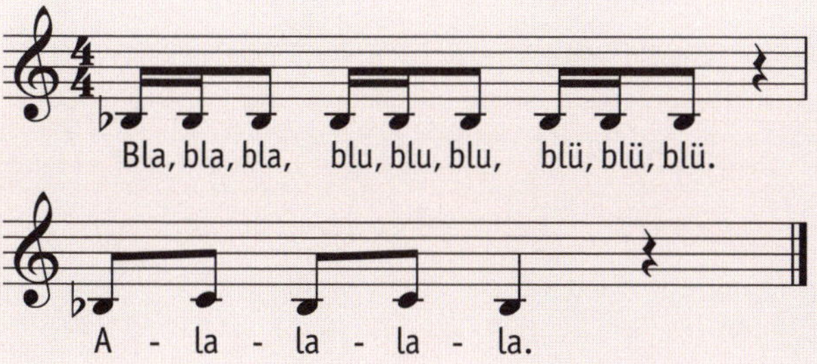

Ü 4

Schnalze mit der Zunge –
das trainiert die Zungenmuskulatur.

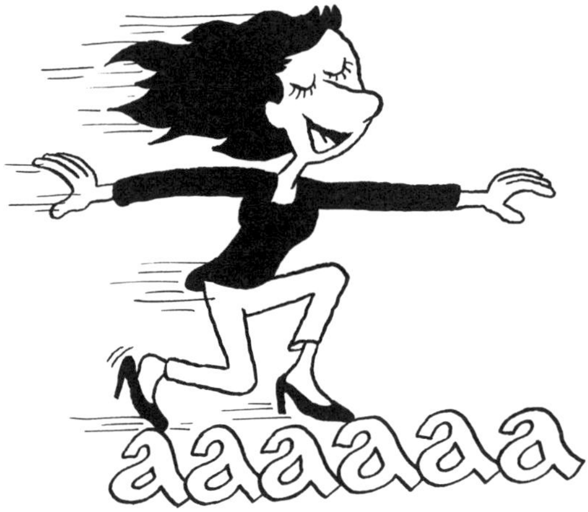

Aussprache – deutsche Phonetik

Die Aussprache: Vokale und klingende Konsonanten (Klinger, z. B. „n", „m") transportieren deinen Stimmklang – sie sind die sogenannten Klangträger. Nicht klingende Konsonanten (Impuls- oder Verschlusslaute, z. B. „p", „t", „k") kommen uns gerade in der deutschen Sprache eher störend vor.

Wenn wir sie aber gut nutzen, unterstreichen sie den Rhythmus. Wenn du die nachfolgenden einfachen Ausspracheregeln der deutschen Phonetik beim Singen beachtest, kannst du deinen Klang und vor allem deine Textverständlichkeit weiter optimieren.

Eine kleine Randbemerkung von mir: Ich konzentriere mich hier nur auf die deutsche Phonetik, weil ich die deutsche Sprache liebe und auch ausschließlich in Deutsch singe. Wenn dein Lied einen fremdsprachigen Text hat, müsstest du dich im Vorfeld über die für diese Sprache gültigen Phonetikregeln informieren.

Einige Tipps – deutsche Aussprache

Vokalanfänge
Wörter, die mit einem Vokal beginnen, sollten neu angesungen werden. Stichwort „Glottis", falls du dich im Internet weiter informieren möchtest.

∾ „Bis | ans | Ende der Welt"

Sprachrhythmus
Hier gilt es den Wechsel von betonter, schwerer Stammsilbe und unbetonter, leichter Nebensilbe zu beachten. Entsprechend werden die einzelnen Silben auch beim Singen unabhängig von der Melodie richtig betont:

∾ nicht „Rät<u>sel</u>", sondern „<u>Rä</u>tsel"

Zwielaute
werden aus zwei Klanglauten gebildet, allerdings werden nicht die Buchstaben gesprochen/gesungen, mit denen der Laut geschrieben wird:

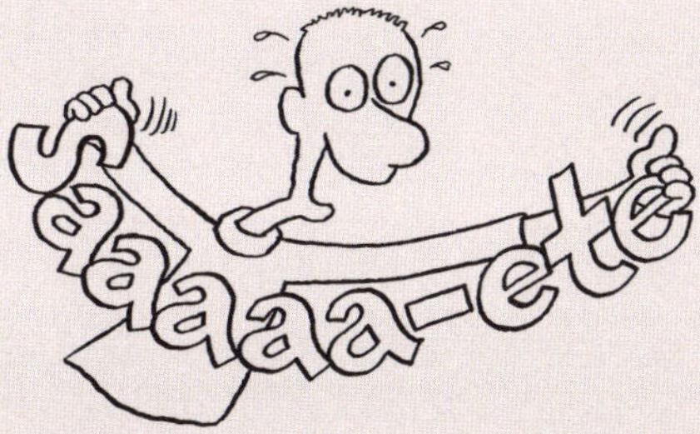

∾ „au" z. B. in „Auge" oder „laut"
[a] als Hauptklang + Abschluss auf [o]
„Auge" in Zeitlupe gesprochen: „Aaaaa-oge"

∾ „ei"„ai" z. B. in „Eis" oder „Saite"
[a] als Hauptklang + Abschluss auf [e]
„Saite" in Zeitlupe gesprochen: „Saaaa-ete"

∾ „eu" z. B. in „Eule" oder „Leute"
[ɔ] (offenes „o" wie in „hoffen" oder im englischen „dog") als Hauptklang + Abschluss auf [e]
„Leute" in Zeitlupe gesprochen: „Lɔɔɔɔ-ete"

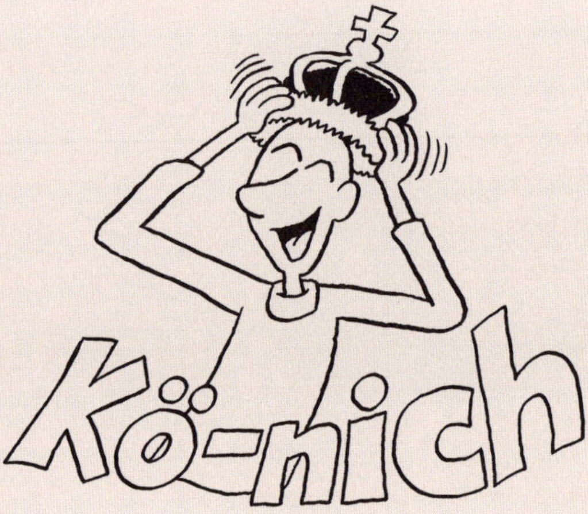

Endsilbe „ig"
wird als „ich" gesprochen:

- „König" = „Könich".
  Achtung: Die Silbe wird nur als Endsilbe anders gesprochen!
  Weitere Beispiele: würdig, lebendig, ewig, heilig ...

  Folgt ein „Vokal", die Nachsilbe „lich" oder eine andere Silbe mit „ch", bleibt der Laut „g":
- „Könige", „königlich" und „Königreich".

Endsilben „e" und „en"
werden eher zu „ö" oder „ön". Die Wortendungen werden geschlossen gesprochen und in der Vorstellung umarmt:

- „laufen": nicht „laufän", sondern eher „laufön".
- „Liebe": nicht „Liebä", sondern eher „Liebö"

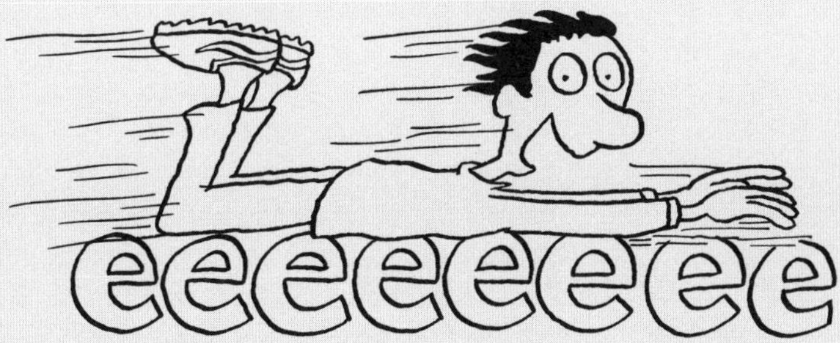

„H" nur im Anlaut
Bei „gehen", „sehen" oder „Ruhe"
wird das „h" vermieden
beziehungsweise assimiliert:

- „gehen": nicht „gehen", sondern „ge-en".

In folgenden Fällen wird das **„s" nicht scharf, sondern stimmhaft** gesprochen (und gesungen):

- als Anlaut vor einem Vokal: „Samstag" = „[Z]amstag",
- zwischen zwei Vokalen: „Rose" = „Ro[z]e",
- zwischen den Konsonanten „l", „m", „n", „r" und einem Vokal: „Amsel" = „Am[z]el".

Sprechübungen:
- Summ, summ summ, Bienchen summ herum.
- Simsalabim bamba sala du sala dim.

Apropos stimmhaftes „s“: Ohne uns Schwaben zu nahe treten zu wollen, aber für uns ist das Praktizieren dieser Regel schwer. Wir müssen das wirklich üben. Eine kurze Anekdote zu diesem Thema aus meinem Berufsalltag:

Als junge und unerfahrene Sängerin aus dem „Schwabenländle“ war ich zu einem meiner ersten Studiojobs in „Norddeutschland“ eingeladen – irgendwo kurz hinter Frankfurt, da beginnt ja für den Schwaben gefühlt der Norden. Ein deutsches Lied durfte ich dort einsingen. Nach ein paar Probeaufnahmen drang irgendwann die vorsichtige Stimme des Produzenten über das Talkback an mein Ohr: „Beate, du singst sehr schön, aber dein schwäbischer Dialekt stört etwas.“ (Und das, obwohl ich Badenerin bin! – Aber das Problem haben „die aus Baden-Württemberg“ anscheinend alle.) Ich war total verunsichert und hilflos. Er merkte das und erklärte: „Könntest du das „s“ bei „Sonne“, „singen“ und „sagen“ stimmhaft machen?“ Ich wusste damals überhaupt nicht, wovon er sprach und was er von mir wollte … Wie peinlich mir das war! So etwas vergisst man nie!

Klangträger Vokale

Wenden wir uns nun der besonderen Rolle von Vokalen zu: Vokale sind unsere „Klangträger“ – durch sie klingt unsere Stimme, unser Singen. Sie bekommen von daher im Gesangsunterricht einen besonders bedeutsamen Platz. Man ist bestrebt, einen sogenannten „Vokalausgleich“ zu trainieren: Das heißt, alle Vokale sollten auf der gleichen Ebene klingen und trotzdem identifizierbar, klar und verständlich sein. Die Bilder „Töne nach vorne und vor die Augen bringen“ und „Tablett in Augenhöhe servieren“ helfen dir dabei sehr.

Am Klang deiner Vokale kannst du mit den nachfolgenden drei Übungen arbeiten.

Übungen für die Klangträger

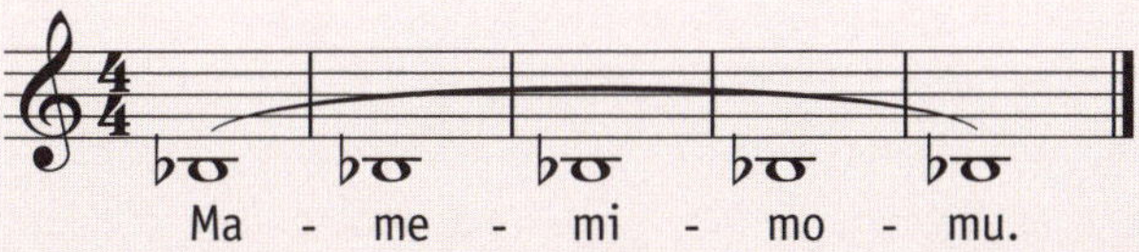

Ü5

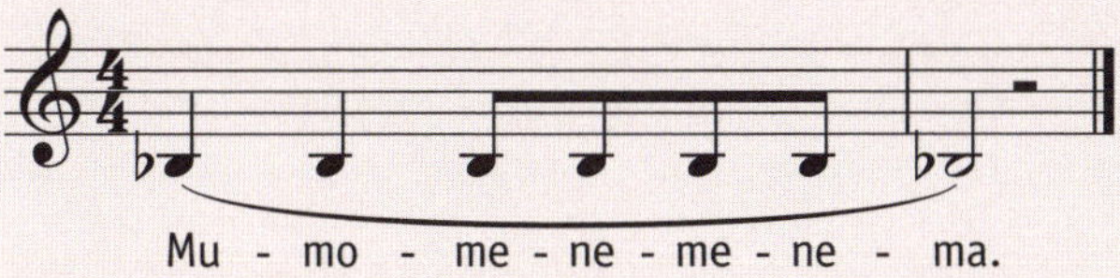

Ü6

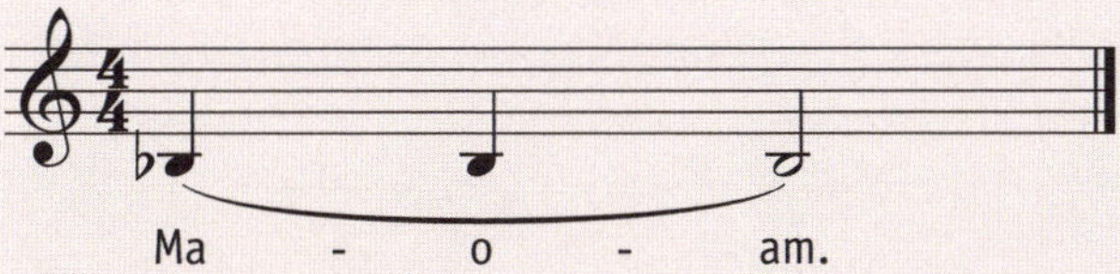

Ü7

Für alle Übungen gilt:
Empfohlener Anfangston

Frauen:

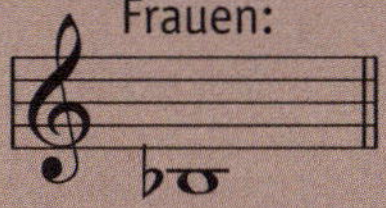

Männer:

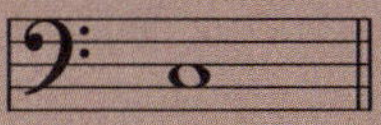

Übe immer in Halbtonschritten aufwärts und – wichtig – wieder in Halbtonschritten abwärts.

Bleibe in deinem „Wohlfühlbereich"! Du wirst diesen, durch fleißiges Üben, mit der Zeit erweitern!

Audiodateien siehe Seite 120

Das Warm-up

Vor einigen Jahren durfte ich den Fußballer Cacao als Interview- und Sprachcoach begleiten. Er hat es mir ausdrücklich bestätigt: Kein Sportler und keine Sportlerin verlangt sich körperliche Leistung ab, ohne davor die Muskeln aufzuwärmen und zu dehnen – das könnte ansonsten schwerwiegende Verletzungen nach sich ziehen. Da das Singen ebenfalls auf Muskelarbeit basiert, ist es auch hier sehr wichtig, alle beteiligten Muskeln vor dem Singen aufzuwärmen, um Stimmschäden zu vermeiden.

Beim Warm-up (Einsingen) geht es um das langsame Aufwärmen deiner Stimme. Dabei kommt es nicht primär auf „schöne" Töne an. Du solltest auch nicht gleich „alles geben", sondern ganz leicht und vorsichtig mit deiner Stimme arbeiten.

Wusstest du, dass deine Stimme ein Morgenmuffel ist? Wenn du aufstehst, braucht sie noch ungefähr zwei bis drei weitere Stunden, bis sie richtig wach ist. Wenn du vormittags einen Auftritt hast, solltest du also früh genug aufstehen. Ein Warm-up, das dich fit macht, kannst du ganz einfach in deinen Alltagsablauf integrieren.

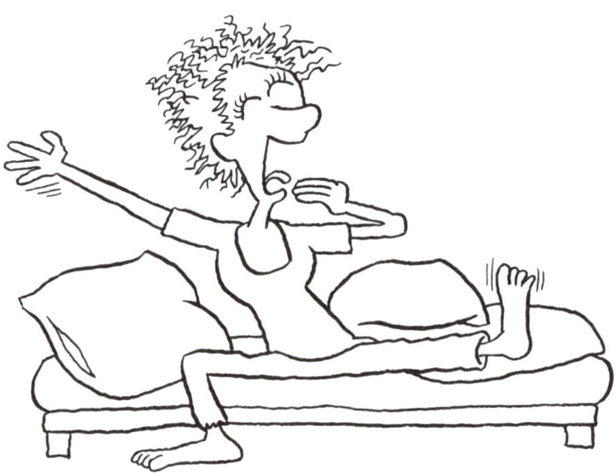

Übungen zum Warm-up

Gähne nach dem Aufstehen ein paarmal – das weitet deinen Rachenraum und bereitet deinen Kehlkopf optimal vor. Ein lockerer, tiefgestellter und entspannter Kehlkopf ist wichtig für einen guten Stimmklang, und er ist verantwortlich dafür, dass du hohe Töne entspannt und locker singen kannst.

Strecke dich ausgiebig und lasse deine Schultern mehrmals kreisen, um deine Nackenmuskulatur zu lockern.

Beginne schon unter der Dusche leise mit geschlossenem Mund zu „knattern", ähnlich wie das Schnurren einer Katze. Es ist ein tonloses tiefes Geräusch, das von den Stimmlippen beim Ausatmen verursacht wird. Diese Übung entspannt die Stimmlippen und hilft gegen eine belegte Stimme.

Schneide wilde Grimassen, während du vor dem Spiegel stehst. Gönne deinem Gesicht eine kurze Wellnessmassage und klopfe es anschließend mit den Fingerkuppen ab.

Kaue einen imaginären Kaugummi mit intensiven Kaubewegungen.

Schüttle deine Arme und Beine kräftig aus. Klopfe deinen Körper von oben bis unten wach.

Stelle dir dein Lieblingsessen vor und freue dich darüber: „Mmhhh". Wichtig dabei ist ein sirenenartiges Tongefühl.

Summe eigene, kleine und kreative Melodien.

Ahme als Abschluss das Schnauben eines Pferdes nach, indem du mit den Lippen ein lautes blubberndes Geräusch machst.

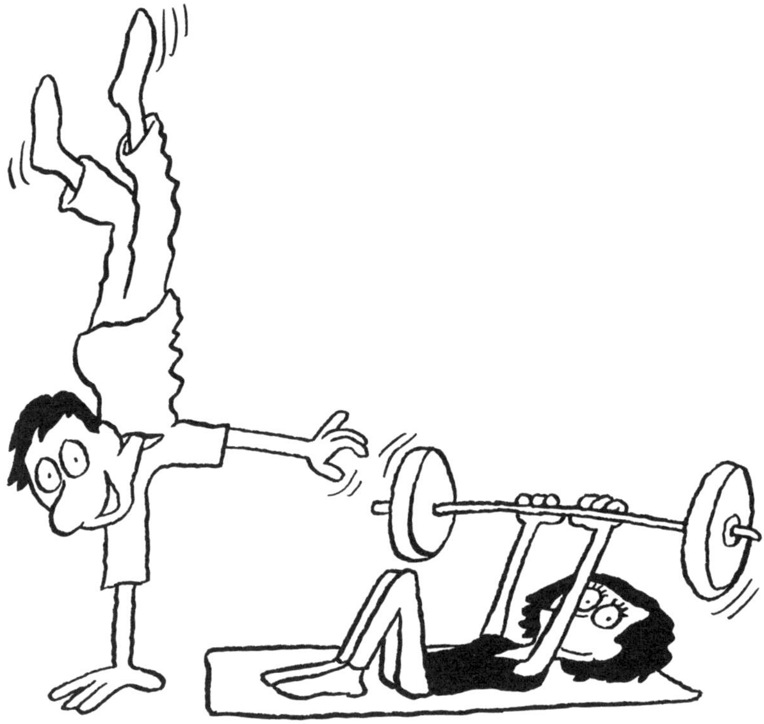

Weiterführende Übungen

Nun ist deine Körpermuskulatur aktiviert und gelockert und deine Stimme vorbereitet für einige weiterführende Übungen.

Alle Übungen kannst du in Halbtonschritten nach oben so lange wiederholen, wie du entspannt singen kannst. Sobald du merkst, dass sich deine Stimmmuskulatur angestrengt anfühlt, gehe schrittweise wieder nach unten bis zur Ausgangslage.

Weiterführende Übungen

Stelle dich richtig hin, und aktiviere deine Atem- und Stützmuskulatur, indem du an einer imaginären Parfümflasche schnüffelst.

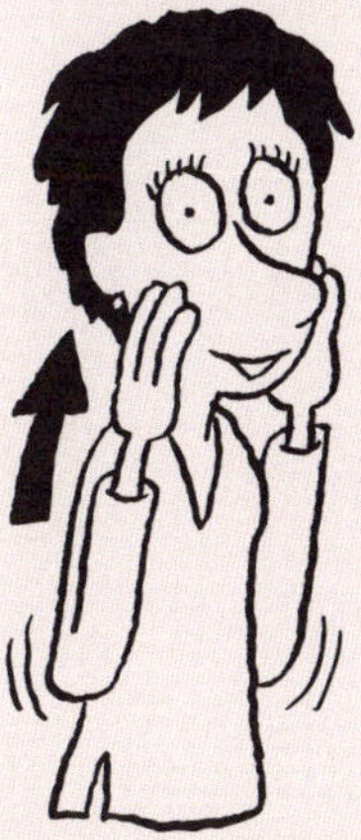

Ein tiefgestellter Kehlkopf ist Voraussetzung für ein lockeres, entspanntes Singen (besonders in der Höhe). Bringe dazu deinen Kehlkopf in eine tiefe Stellung, indem du gähnst und diese Kehlkopfposition beibehältst. Alternativ kannst du den typischen tiefen „Uh!"-Ruf eines Gorillas nachahmen. Nachdem du die richtige Kehlkopfposition abgerufen hast, wärme deine Stimme mit der „Blubber"-Übung auf. Hierfür benötigst du einen **Hilfsgriff**: Schiebe mit den Fingerspitzen die untere Wangenpartie vom Unterkieferknochen nach oben. Mache dann ein blubberndes Geräusch wie ein Kind, das mit einem Spielzeugauto spielt. Setze den Hilfsgriff nach jeder Phrase neu an, damit die Spannung erneuert wird. Blubbere folgende Melodie:[3]

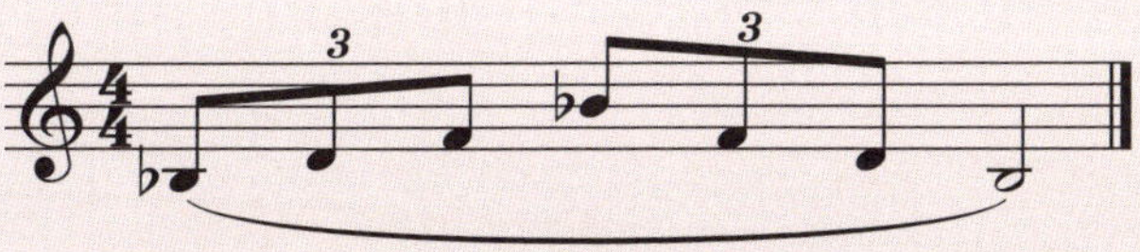

Ü8

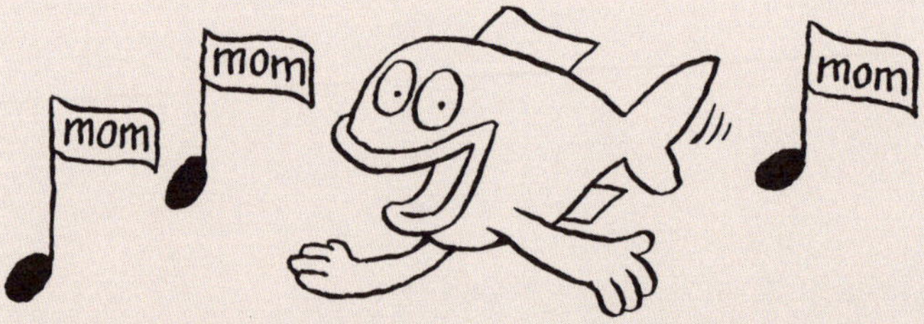

Ahme einen Fisch im Aquarium nach, der sein leicht gespitztes Maul auf- und zumacht:

Ü 9

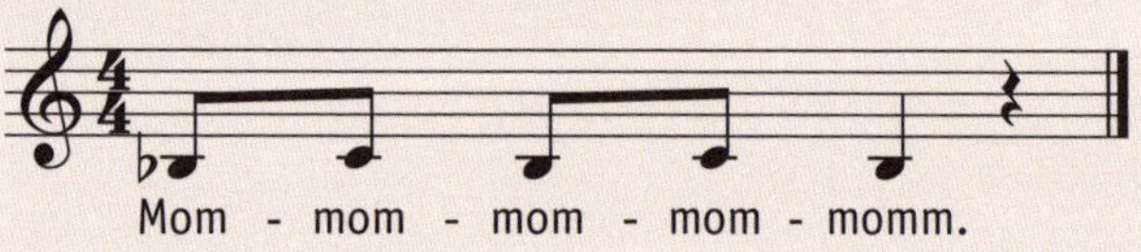

Bestreue jeden Ton mit imaginärem „Sternenstaub“ und singe mit strahlenden Augen:

Ü 10

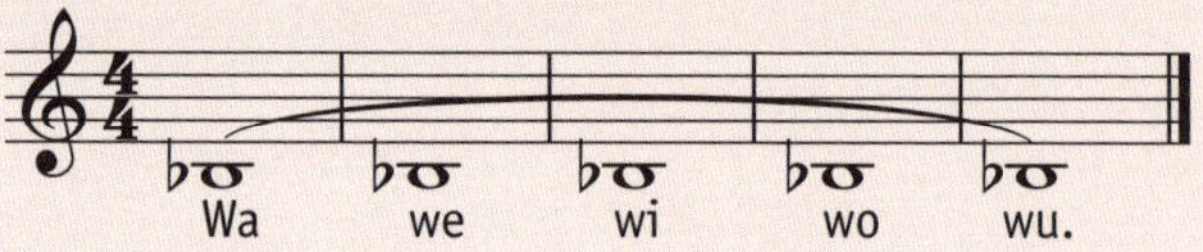

Bringe die Töne nach vorne und sprich übertrieben deutlich:

Ü 11

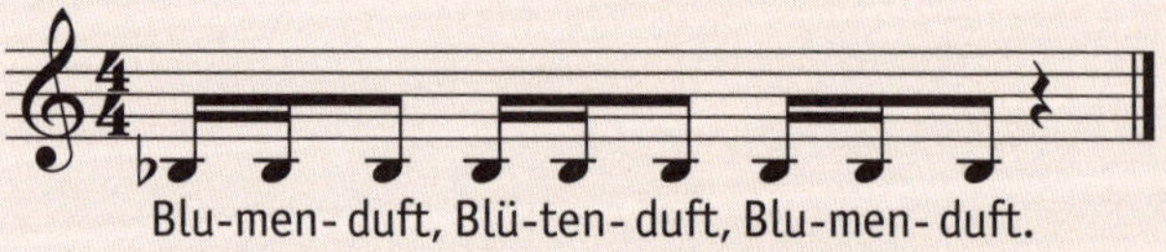

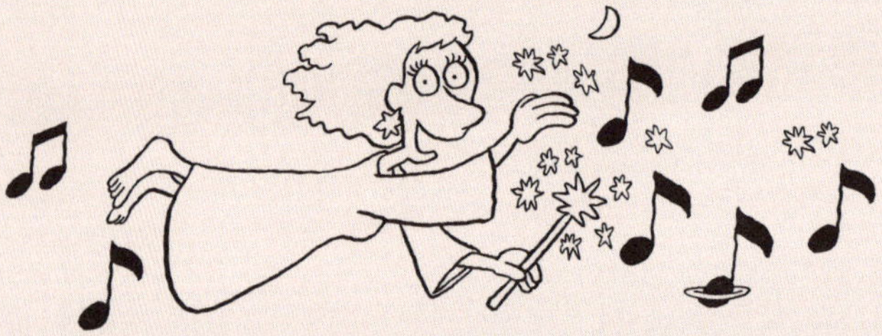

Lege deinen Zeigefinger unters Kinn und überprüfe, ob dein Kiefer beim Singen entspannt nach unten fällt.

Ü 12

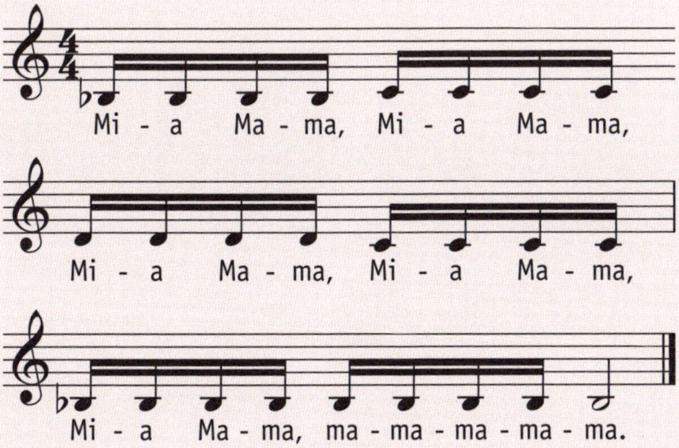

Ü 13

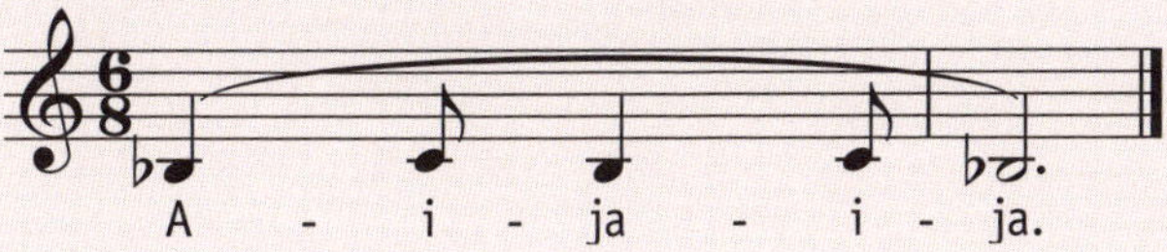

Öffne in deiner Vorstellung ein Fenster und schicke deine Töne weit weg. Sprich engagiert:

Ü 14

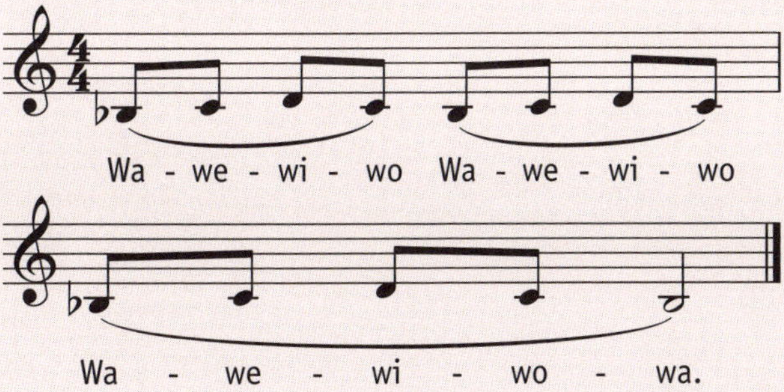

Durch das stimmhafte „w“ wird der Ton automatisch leichter nach vorne platziert, was für den Popgesang sehr entscheidend ist.

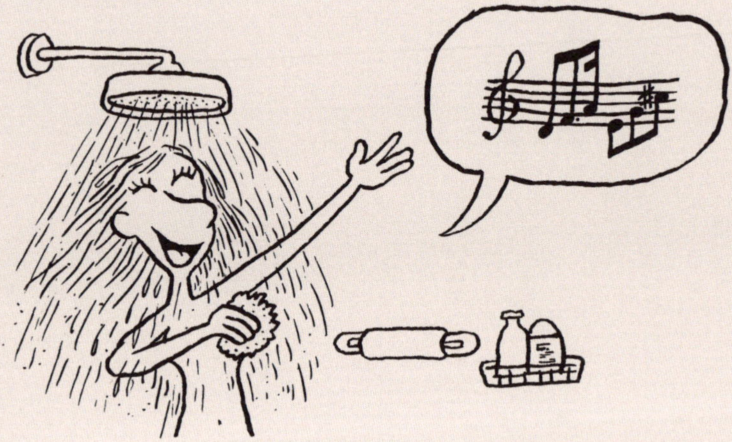

Lege deine Fingerkuppen ganz leicht an deine Nasennebenhöhlen und spüre die Vibrationen, denke an das stimmhafte „s“:

Ü 15

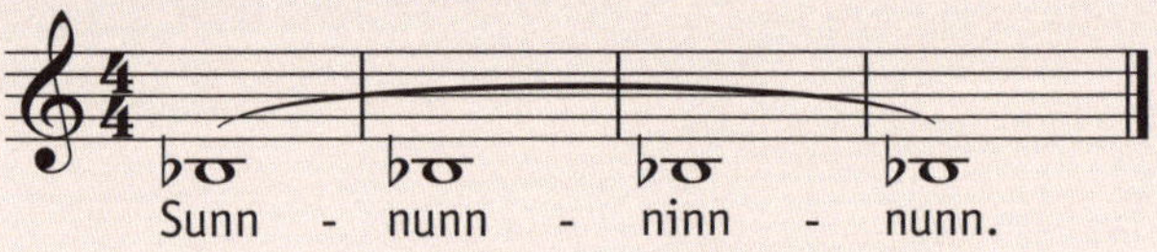

Stelle dir während des Singens den Gorilla-Laut vor, und schicke deine Töne wieder durch das geöffnete Fenster weit weg:[3]

Ü 16

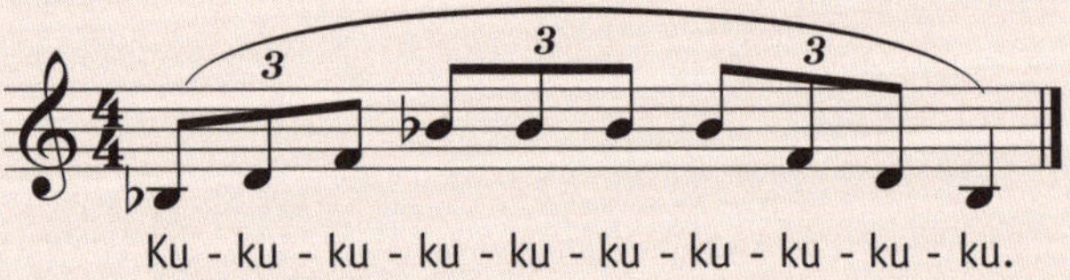

Singe die einzelnen Töne definiert und denke an die Schnur der Perlenkette:

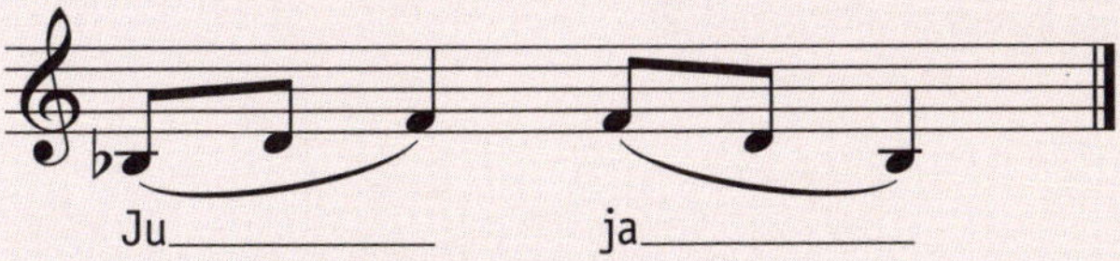

Ü 17

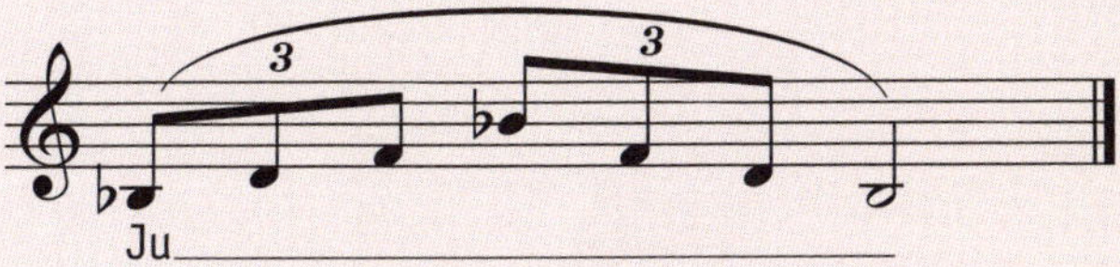

Ü 18

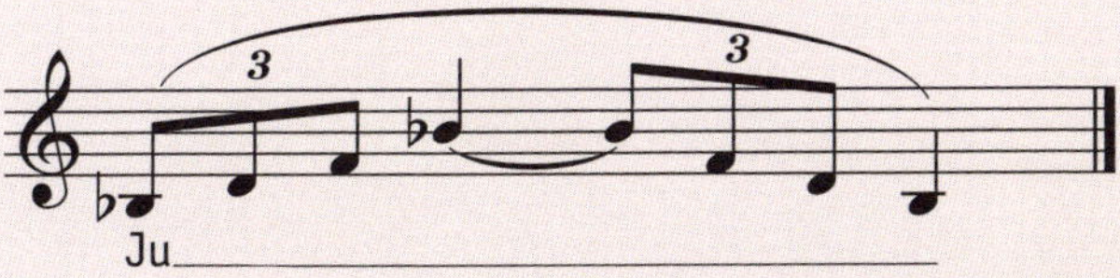

Ü 19

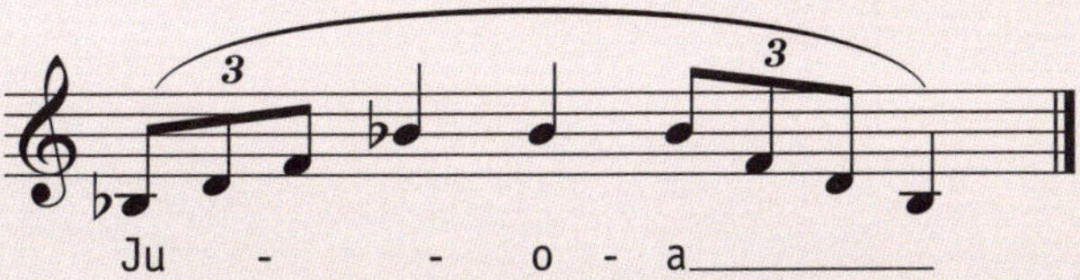

Ü 20

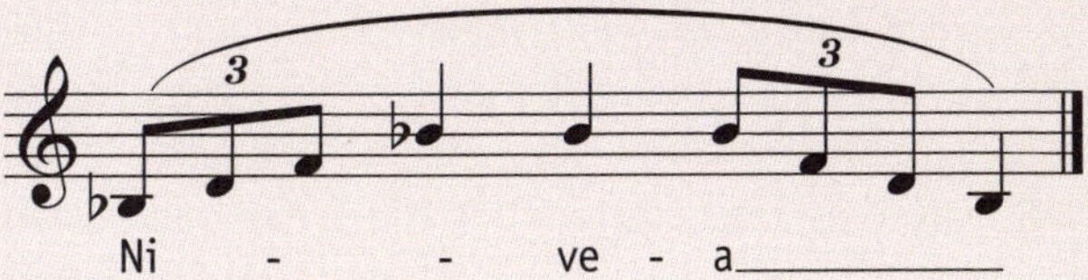

Ü 21

Audiodateien siehe Seite 120

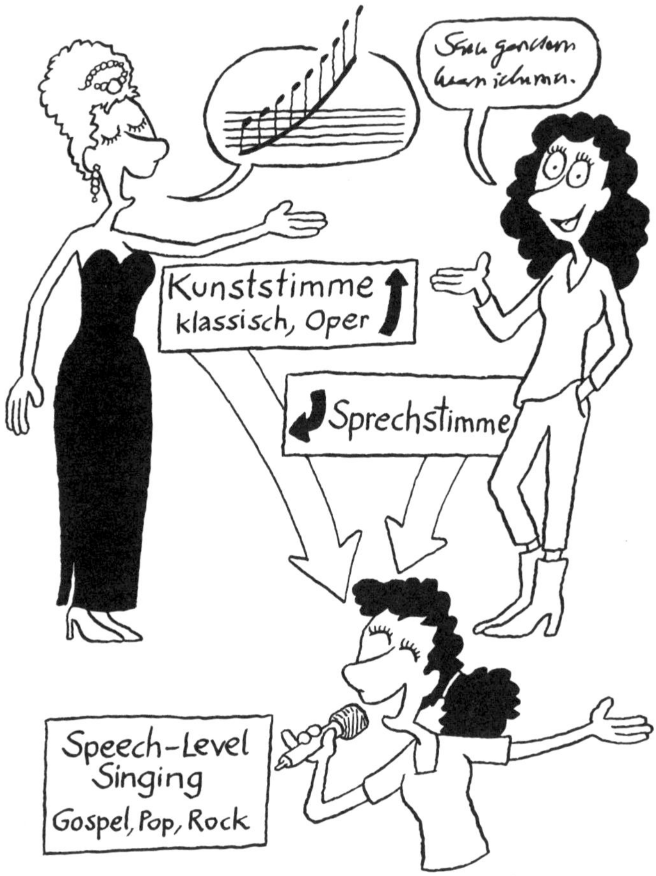

Ein kurzer Exkurs zum Abschluss dieses Kapitels

Als ich vor langer Zeit angefangen habe, meine Stimme auszubilden, nahm ich klassischen Gesangsunterricht. Ich begann damit zwei Jahre vor meinem Abitur, da ich das Fach Musik als Leistungskurs gewählt hatte und damals als eine der Ersten in Baden-Württemberg die Stimme als Instrument für die praktische Prüfung nutzen durfte.

Eine Ausbildung und Begleitung durch Fachleute halfen mir, die richtige Literatur zu wählen und die Vorgaben für diese Prüfung zu erfüllen, denn von dieser Art Liedern hatte ich tatsächlich keine Ahnung.

Auf den erfolgreich abgeschlossenen Musikleistungskurs folgten während meines Studiums das Erste und Zweite Staatsexamen für das Lehramt – Musik und Deutsch waren hier meine Fächer. Und auch in diesem Rahmen bildete ich meine Stimme immer weiter in klassischem Gesang aus. Allerdings sang ich schon damals in Gospelchören und – auch bereits solistisch – im Bereich Popmusik. Und ich bemerkte: Da komme ich mit der klassischen Gesangstechnik an meine Grenzen!

Dann hatte ich das große Glück, über ein Stipendium und viele Beziehungen bei Seth Riggs in Los Angeles die „Speech-Level-Technik" direkt und vor Ort zu erlernen. Eine unglaublich wertvolle Zeit, die mein Singen und meine Stimme dauerhaft verändert hat. Nebenbei bemerkt: Ich habe während dieser Zeit dort, u. a. oft direkt vor meiner Stunde beim „Meister", tolle Sängerinnen und Sänger getroffen – z. B. Janet Jackson! Das war ein unglaublicher Ansporn und hat mich gelehrt, dass gute Leute sich immer weiterbilden und trotz ihrer Professionalität noch Unterricht nehmen!

Was ich bei Seth Riggs gelernt habe, spielt natürlich bei meinem Coaching eine große Rolle! Die Speech-Level-Übungen (Ü 8 und Ü 16), die ich seit damals natürlich auch selbst mache, stammen beispielsweise aus seiner Feder.

Die Stimme ist der
Fingerabdruck der Seele.
Wer genau hinhört,
kann die Seele des anderen
reden hören.

Beate Ling

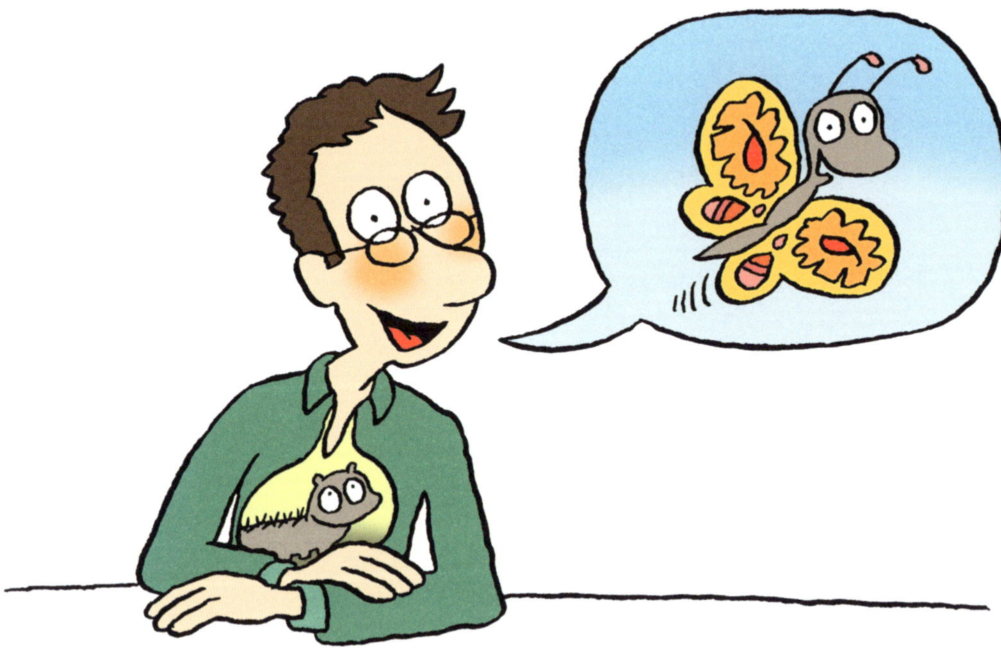

2

PERSÖNLICHKEIT STÄRKEN

Persönlichkeit stärken

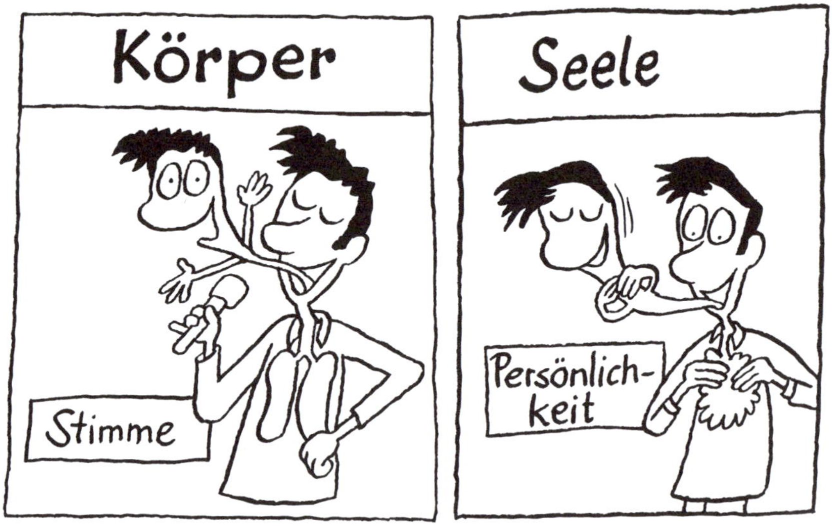

Einführung

Das hast du bestimmt auch schon erlebt: Du telefonierst mit deiner Freundin, deinem Partner – einem Menschen, den du gut kennst. Beim ersten Wort weißt du, mit wem du sprichst, und schon nach wenigen Sätzen merkst du, wie es der/dem anderen geht: ob sie/er traurig, im Stress, fröhlich oder müde ist. Über den Stimmklang erfährst du also auch etwas über die innere Befindlichkeit der anderen, denn die Stimme ist wie ein Fingerabdruck von Persönlichkeit und Seele. Deshalb ist es so wichtig an der Stimme zu arbeiten, um die Persönlichkeit zu stärken und gleichzeitig – in umgekehrter Richtung – an der Persönlichkeit zu arbeiten, um die Stimme zu entwickeln.

Wenn du singst, gibst du auch immer etwas von deiner Persönlichkeit weiter. Es ist wichtig, dass du dich selbst kennen lernst und weißt, warum du singst. Wenn dir klar ist, was dich motiviert und was in deiner Persönlichkeit steckt, dann kann sich deine Stimme frei entfalten, und du singst authentisch.

Warum hast du mit dem Singen angefangen?
Was motiviert dich?

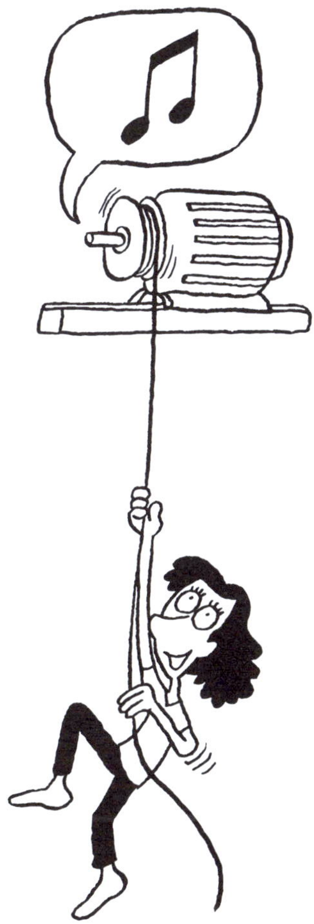

Man könnte auch fragen: „Was ist dein Motor?" In diesem Zusammenhang erinnere ich mich an eine Schülerin, die vor Jahren einmal zu mir kam und Unterricht wollte, um DSDS-Superstar zu werden – für mich ein etwas zweifelhaftes Ziel. Aber: Ein Motor hat immer auch etwas mit großer Energie zu tun. Es war in jenem Fall meine Aufgabe, diese Energie in etwas Sinnvolleres und Langfristiges umzuwandeln. Superstar ist sie nicht geworden, aber eine tolle Sängerin mit weitaus wertvolleren Zielen, und sie nutzt diese Energie, also diesen Motor bis heute!

Wenn ich diese Frage für mich beantworte, dann erinnere ich mich an die Anfänge meines Singens zurück: Ich suchte mir immer Lieder aus, deren Inhalt das ausdrückte, was ich selbst nicht in Worte fassen konnte. Das war eine große Hilfe für mich. Andere Teenager in meinem Alter schrieben z. B. Tagebuch – für mich waren die Lieder, die ich mir aussuchte, eine vergleichbare Ausdrucksform. Bis heute ist das so geblieben: Lieder helfen mir, mich selbst und meine Empfindungen auszudrücken – besser, als Worte es alleine könnten.

Finde heraus, was dich zum Singen motiviert, und nutze diese Energie, um vorwärtszukommen.

Was findest du bereits an deiner Stimme toll?

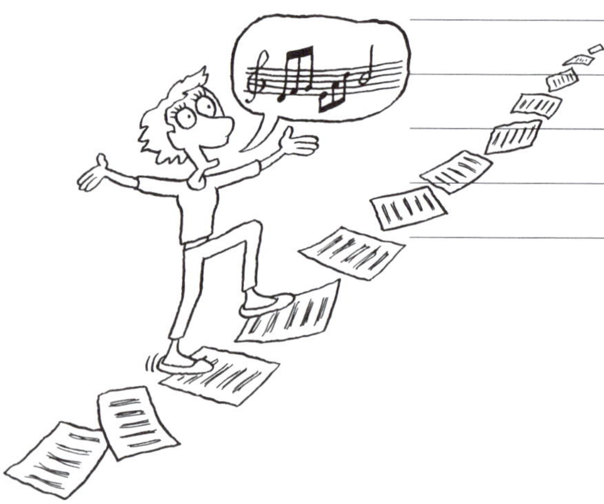

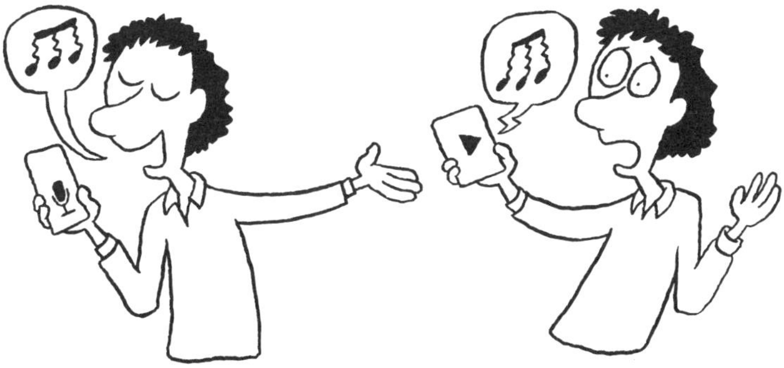

Viel zu schnell und zu oft wissen wir genau über unsere Defizite Bescheid und formulieren das Negative. Es ist wichtig, dass wir uns auch das vor Augen führen, was bereits gut und schön ist! Dazu hilft es – und es ist sogar sehr, sehr wichtig –, dass wir uns selbst aufnehmen und anhören! Wenn wir singen oder sprechen, stehen uns zwei Möglichkeiten zur Verfügung, um uns wahrzunehmen: mit dem Innen- oder mit dem Außenohr. Die anderen nehmen uns aber immer nur mit der einen Hörmöglichkeit wahr: von außen. Das ist Fakt! Und sich dieser Tatsache zu stellen, besser noch, sich mit dieser vertraut zu machen, ist das Ziel.

> Mache dich vertraut damit, wie du nach außen, also für andere klingst, und lass dich nicht ausschließlich durch deinen eigenen Innenohrsound bestimmen! Aufnehmen – abhören! Das ist heutzutage ganz leicht möglich: Jedes Smartphone hat ein Mikrofon und eine Aufnahmefunktion. Nutze diese einfache Möglichkeit, um deine Stimme – die für alle anderen wahre Stimme – kennen zu lernen!

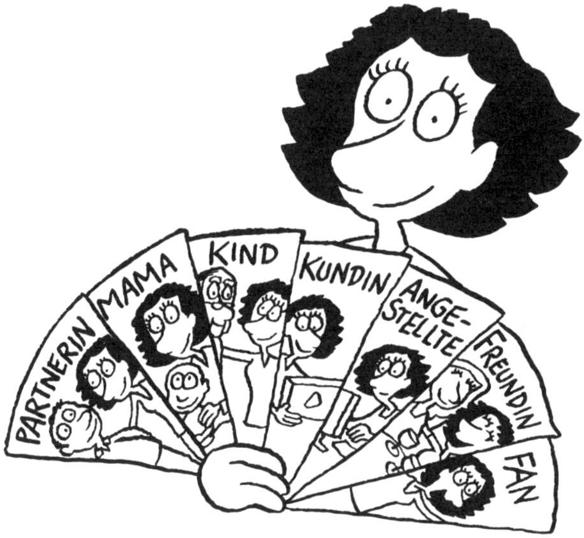

Authentisch sein

Wer es schafft, ganz bei sich zu bleiben, gerät nicht so schnell außer sich.

Du füllst in deinem Leben viele verschiedene Rollen aus, die jeweils ein passendes Verhalten von dir fordern. Du bist z. B. Kind deiner Eltern, Kunde/Kundin, Verkehrsteilnehmer/-in, Schüler/-in oder Arbeitnehmer/-in, Freund/-in ... Die Liste könnte noch um vieles erweitert werden. Deine Persönlichkeit ist wie eine Art Fächer: Jede Strebe entspricht einer Rolle, die du einnimmst. Und jede Rolle hat ihre eigenen Gesetze: In der Rolle der Freundin verhalte ich mich sicherlich anders, als wenn ich als Sängerin auf der Bühne stehe. Und doch bin ich hoffentlich immer erkennbar „Beate"!

Alle Streben des Fächers werden unten von einem Verbindungsstift zusammengehalten. Dieses Verbindungselement sind deine Werte, die sich durch alle deine Lebensrollen ziehen. Für mich als Christin spielen da natürlich beispielsweise die Werte der Bergpredigt eine Rolle.

Dieser Verbindungsstift, der dafür verantwortlich ist, dass der Fächer überhaupt als solcher funktioniert und die einzelnen Streben nicht auseinanderfallen, ist das, was dein Handeln bestimmt. So bleibst du in jeder Rolle „du selbst" und authentisch, spielst nicht irgendetwas vor oder bist gar abgehoben. Deine Werte sind das, was dich im Kern ausmacht: deine Authentizität. Durch sie kannst du wiedererkennbar „du" sein – in jeder deiner Rollen.

Was sind deine wichtigsten Werte oder Grundsätze?

Umarme deine Stärken und Schwächen, und trage sie behutsam über die Schwelle in dein Lebenshaus – Gottes Liebe lässt keinen Teil von dir vor der Tür stehen.

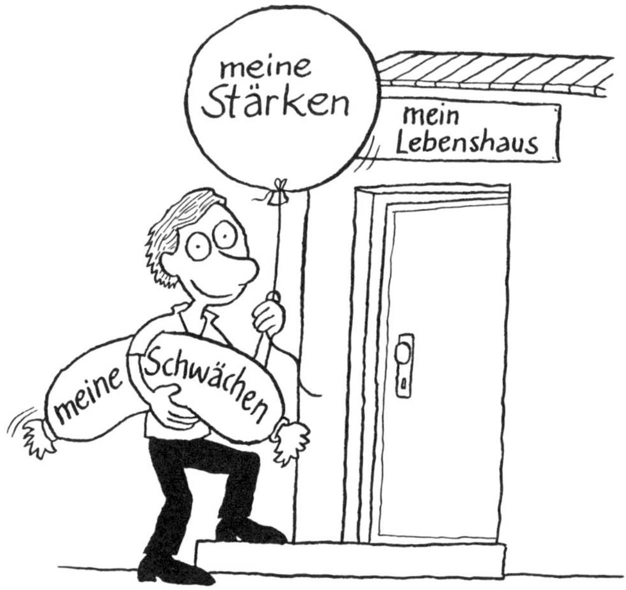

Sich kennen lernen

Zusätzlich wird deine Persönlichkeit natürlich auch von deinen Persönlichkeitsmerkmalen und Charaktereigenschaften bestimmt. Jede deiner Eigenschaften ist erst einmal neutral; es kommt darauf an, was du aus ihr machst und welchen Blickwinkel du auf sie hast. Gott hat sich deinen Charakter wunderbar ausgedacht und wünscht sich, dass du dich lieben lernst – er tut es bereits mehr, als du dir vorstellen kannst.

> Deine Art des Singens ist sehr stark mit deinem Selbstbewusstsein verbunden, daher: Werde dir deiner selbst bewusst!

Welche Persönlichkeitsmerkmale hast du und welche Stärken ergeben sich daraus?

Beispiele

Ich bin dominant.	*Ich kann gut führen.*
Ich bin zurückhaltend.	*Ich kann sehr gut beobachten und Zusammenhänge erkennen.*

Eigenschaft: Ich bin …	**Stärke:** Ich kann …

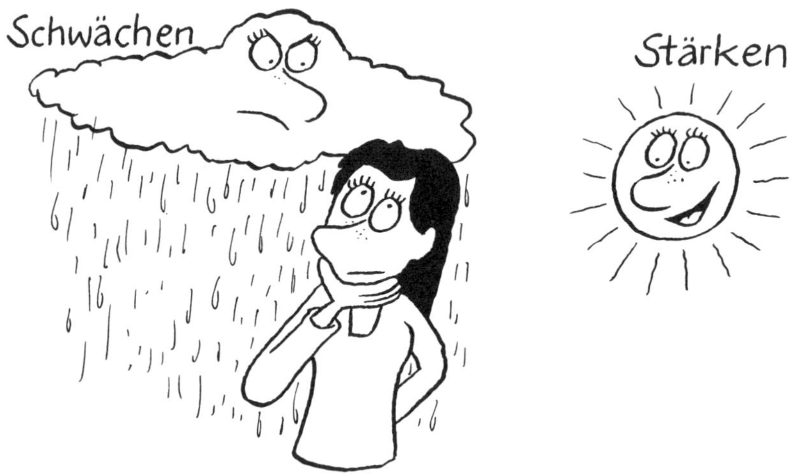

Sich annehmen lernen

Du hast viele Stärken, und es gibt höchstwahrscheinlich auch Dinge, die du nicht so gut kannst. Es gibt Seiten, die du an dir magst, und vermutlich auch solche, die du nicht magst.

Es ist sehr entscheidend, dass du lernst, dich anzunehmen – mit all deinen Stärken und Schwächen. Du kannst dein Selbstbild und deine Einstellung zu dir beeinflussen, indem du positive Gedanken über dich denkst und negative bewusst überdenkst. Das gilt auch für Schubladen, in die du von anderen gesteckt wurdest. Möglicherweise hat dir z. B. dein/-e Musiklehrer/-in in der Schule gesagt, dass du nicht singen kannst. Solche Statements darfst du entlarven und positiv verändern. Auch wenn sie unter Umständen gar nicht offensichtlich etwas mit deiner Singfähigkeit zu tun haben, beeinflussen negative Selbsteinschätzungen doch deine Art zu singen.

Welche negativen Gedanken hast du oder haben andere über dich?

Durch welche positiven Gedanken über dich möchtest du sie ersetzen?

Der Blick auf das, was du kannst, ermutigt. Der Blick auf das, was du nicht kannst, entmutigt. Du hast die Wahl, wohin du schaust.

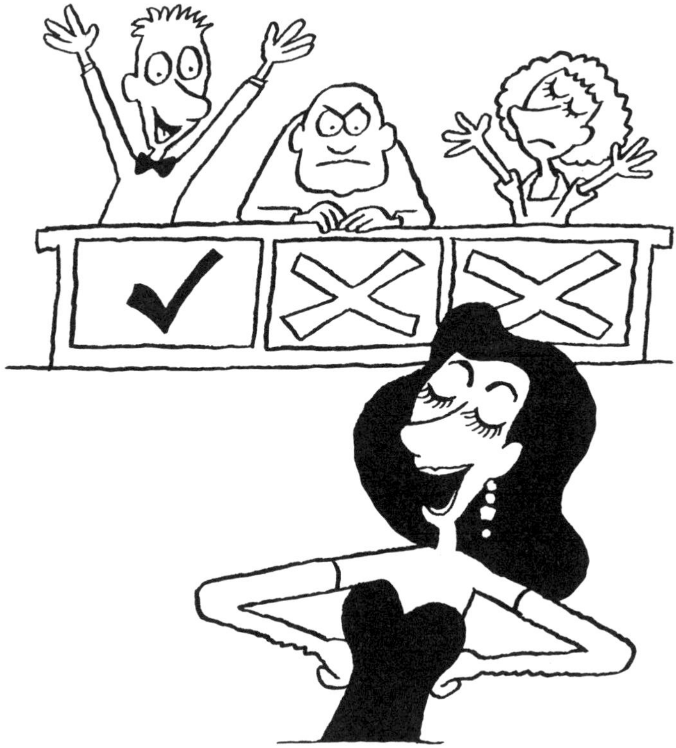

Notiere diese positiven Gedanken gerne zusätzlich an einem Ort, an dem du sie immer wieder vor Augen hast, und sprich sie dir bewusst zu.

Steh zu dir selbst und deinen Eigenschaften, und nimm dich an – du kannst es nie allen recht machen. „Du kannst der süßeste und saftigste Pfirsich der Welt sein – es wird immer Menschen geben, die keine Pfirsiche mögen." (Dita Von Teese) In meinem Album „Leben atmen" habe ich diesem Thema ein Lied gewidmet – Klaus-André Eickhoff hat es für mich geschrieben:[4]

Wie hätten Sie mich denn gern?
Ich hätt ja gern, dass Sie mich gernhätten!
Wie hätten Sie mich denn gern?
Ich könnt ja wetten, dass auch Sie es gerne hätten,
dass man Sie gernhätte, wetten?
Wie hätten Sie mich denn gern?
Ich hätt ja gern, dass Sie mich gernhätten!
Und umgekehrt gilt das wohl auch,
das sagt mir mein Gefühl im Bauch!

Wie hätten Sie mich denn gern?
Ich gebs ja offen zu, ich wäre gerne ich,
vielleicht wärn Sie auch gern sich,
doch was sagen die anderen dazu?
Ich hätte mich auch gern, das bleibt nun mal nicht aus,
manchmal anders, als ich bin. Doch wo liegt da der Sinn?
Ich komm aus meiner Haut nun mal nicht raus.

Wie hätten Sie mich denn gern?
Mit etwas mehr Kontur oder lauter oder leiser,
nicht so altklug, etwas weiser,
insgesamt mehr Moll oder doch Dur?
Ich hätte mich auch gern, ich kann das offen sagen,
mehr diszipliniert und mich nicht so oft blamiert
und muss mich doch, so wie ich bin, ertragen!

Vielleicht ist es ja naiv, sich ein Herz zu fassen
und die Masken fallen zu lassen.
Doch jetzt mal in echt:
Vielleicht stünde uns das gar nicht mal so schlecht –
anstatt zu fragen:

Wie hätten Sie mich denn gern?
Ich hätt ja gern, dass Sie mich gernhätten!
Wie hätten Sie mich denn gern?
Ich könnt ja wetten, dass auch Sie es gerne hätten,
dass man Sie gernhätte, wetten?
Wie hätten Sie mich denn gern?
Ich hätt ja gern, dass Sie mich gernhätten!
Doch ohne diesen Stress geht's auch,
das sagt mir mein Gefühl im Bauch!

Deine Vergangenheit – ein Teil von dir

Es gibt Erlebnisse in deiner Vergangenheit, die dich geprägt haben – an einige denkst du gerne zurück, andere würdest du vielleicht gerne ausradieren.

Mir hat in Bezug auf meine Vergangenheit das Bild eines Grashalms sehr geholfen, das ich vor einigen Jahren aus einem Vortrag mitgenommen habe: Am Halm sind in regelmäßigen Abständen nicht sehr ansehnliche Knoten zu sehen. Sie entstehen während des Wachstumsprozesses und geben dem Halm die nötige Stabilität, um Wind und Wetter zu trotzen. Genau so, wie diese Knotenpunkte den Halm überziehen, wird unser Leben immer wieder durch schwierige Zeiten geprägt. Sie lassen uns reifen und geben uns die nötige Stabilität, sodass wir weiterwachsen können, ohne abzuknicken.

Versuche, die schwierigen Zeiten in deinem Leben nicht zu verdrängen oder sie irgendwie loszuwerden. Der Schlüssel liegt darin, sie als Teil deiner Geschichte zu akzeptieren. Du kannst auf deine Erfahrungen aufbauen und an ihnen reifen.

Schließe Frieden mit deiner Vergangenheit, und nimm sie an, denn ändern kannst du sie nicht mehr. Sie hat dich – und das ist positiv! – zu dem werden lassen, was du heute bist.

Vielleicht brauchst du bei der Auseinandersetzung mit dir selbst und deinem Werdegang auch Unterstützung von außen. Scheue dich nicht, dir einen Mentor, einen Coach oder auch professionelle psychotherapeutische Hilfe zu suchen, um das zu verarbeiten und zu bejahen, was dich geprägt hat, und somit anzunehmen, wer du bist.

Sich mit der Vergangenheit zu versöhnen, macht den Weg frei vom „bis hierher" zum „viel weiter"!

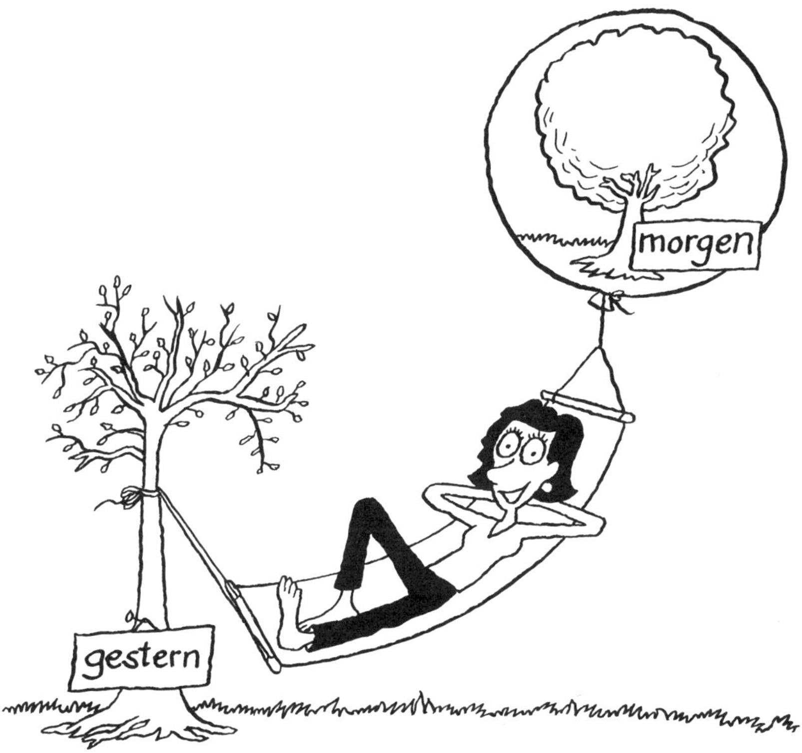

Nur wer hinterlassene Spuren entdeckt,
kann neue Spuren hinterlassen.

Eberhard Schuy (*1955), Fotograf

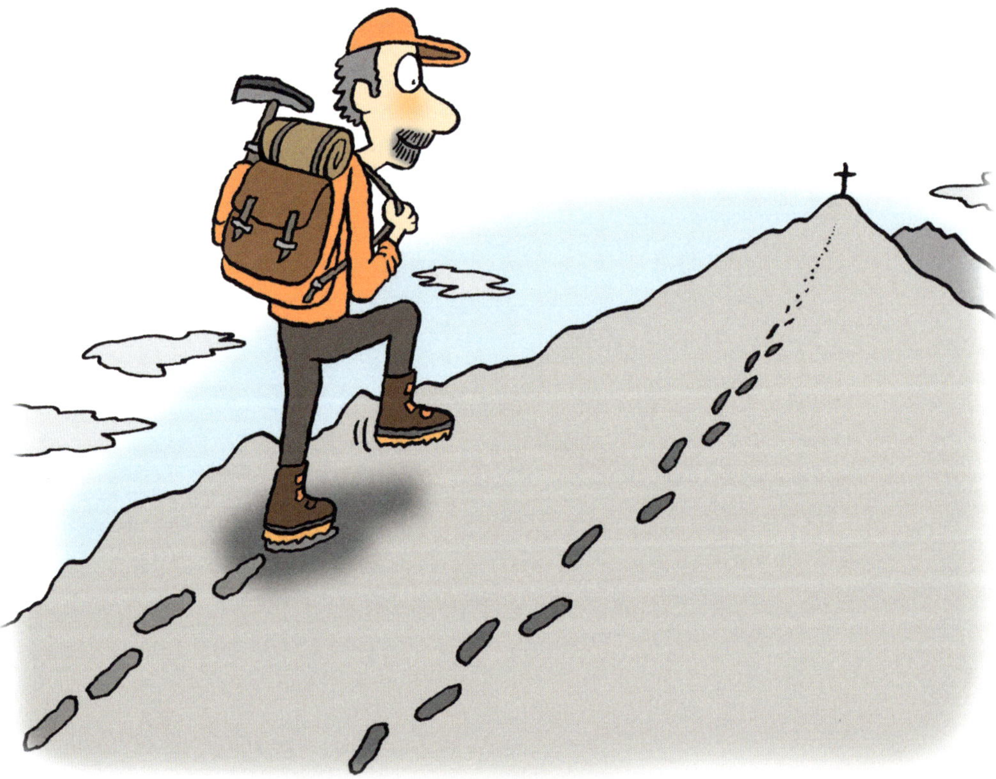

3

VON VORBILDERN LERNEN

Von Vorbildern lernen

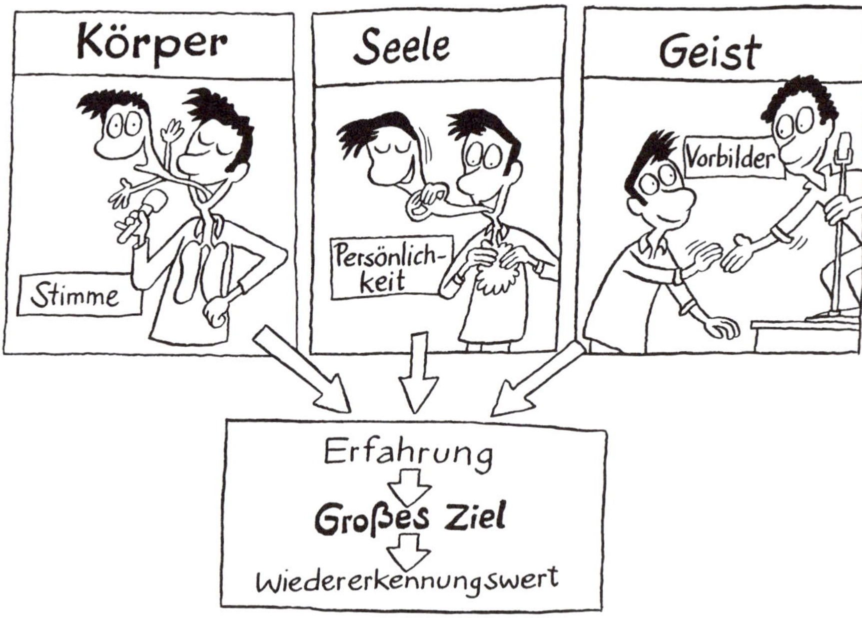

Lass dich inspirieren

Vorbilder sind sehr wichtig, um den Blick zu weiten und über den eigenen Tellerrand hinauszuschauen. Es gibt so viele unterschiedliche Sängerinnen und Sänger, die unsere Anerkennung verdient haben, von denen man lernen kann und sich inspirieren lassen darf – oder wie Oscar Wilde es formulierte: „Nachahmung ist die höchste Form der Anerkennung!" Über Geschmack lässt sich bekanntlich streiten – über Können jedoch nicht! Analysiere verschiedene dieser Könner/-innen und achte auf ihr Timbre, den Sound, das Unverwechselbare in ihrer Art zu singen.

Nimm auch das Gesamtpaket aus Sänger/Sängerin und Musikstück unter die Lupe: Was sind die Markenzeichen? Was macht die Stimmung besonders und die Ausstrahlung einzigartig? So kannst du von den Spuren anderer lernen und – indem du für dich neu kombinierst, was du bei anderen entdeckt hast – deine eigene Spur finden. Wenn du entspannen möchtest, darfst du natürlich deine Lieblingsmusik hören, aber um dich weiterzubilden und um deinen Erfahrungsschatz zu vergrößern, musst du ab und zu deine musikalische Komfortzone verlassen. Denke immer daran: Womit du dich beschäftigst, hat auch Einfluss auf das, was du von dir gibst. Daher: Gib deinem kreativen Geist unterschiedliche und reichhaltige Nahrung. Höre sehr vielfältige und breit gefächerte Musik von ganz unterschiedlichen Interpreten.

Picke dir heraus, was dir an deinen Vorbildern oder den Musikrichtungen gefällt, sammle Ideen und probiere aus.

Vorbilder dienen der Inspiration. Und ich spreche absichtlich von Vorbildern in der Mehrzahl. Wenn man immer nur die eine Interpretin oder den einen liebgewonnen Interpreten hört, läuft man zu sehr Gefahr, sich einseitig zu informieren und dann zu kopieren, weil man nichts anderes kennt. Und das wiederum ist der Tod deiner Individualität und somit deiner Persönlichkeit als Sänger/-in: „Nachahmung ist Selbstmord." (Ralph Waldo Emerson) Nutze deshalb sehr verschiedene Interpretationsquellen. Probiere dich aus, nimm dich auf und höre dich an, lass dich inspirieren und stelle deine eigene „Gewürzmischung" zusammen.

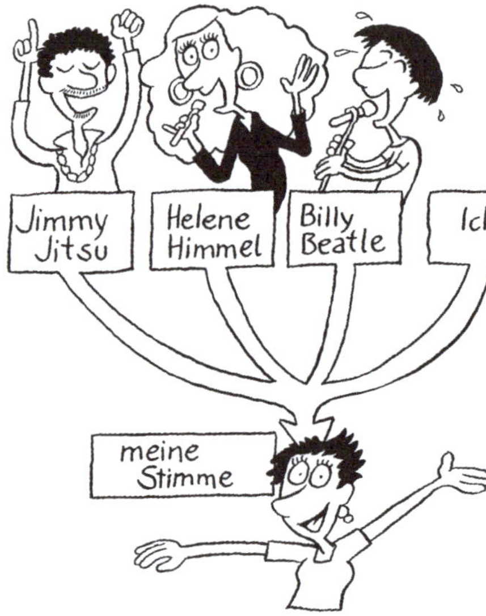

Das größte Ziel eines jeden Sängers / einer jeden Sängerin ist der Wiedererkennungswert: ein Markenzeichen zu besitzen, sich zu unterscheiden. Wenn man beispielsweise Jo Cocker im Radio hört, weiß man sofort: Das ist Jo Cocker – unverwechselbar und einzigartig. Und genauso bist auch du einzigartig und niemand singt so wie du! Trau dich und betrete musikalisches Neuland, indem du dich ganz frei ausprobierst. Entdecke und forme deinen persönlichen Wiedererkennungswert!

Schiefe Töne sind allerdings kein erstrebenswertes Markenzeichen, daher: Lerne dein Handwerk, arbeite an und mit deiner Persönlichkeit und erweitere deinen Horizont.

Lass dich durch viele unterschiedliche Vorbilder inspirieren, lerne von ihnen und erweitere deinen Horizont.

Wer sind meine Vorbilder?
Was gefällt mir an ihnen besonders gut?

Seele und Kehle sind eins.
Du meine Seele, singe!

Beate Ling

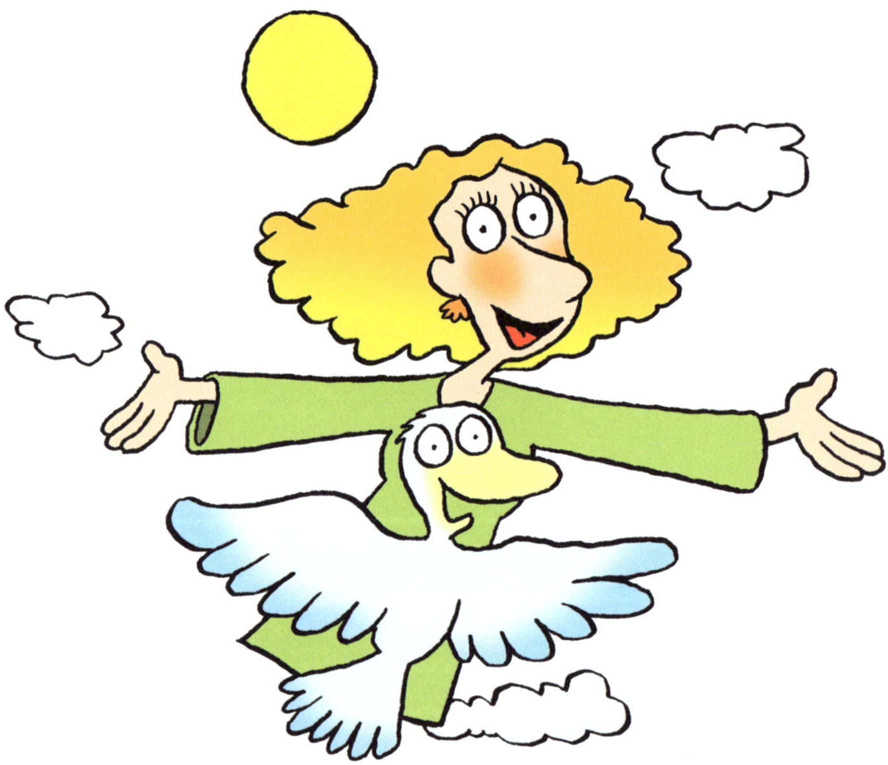

4

ALLES IM EINKLANG

Alles im Einklang

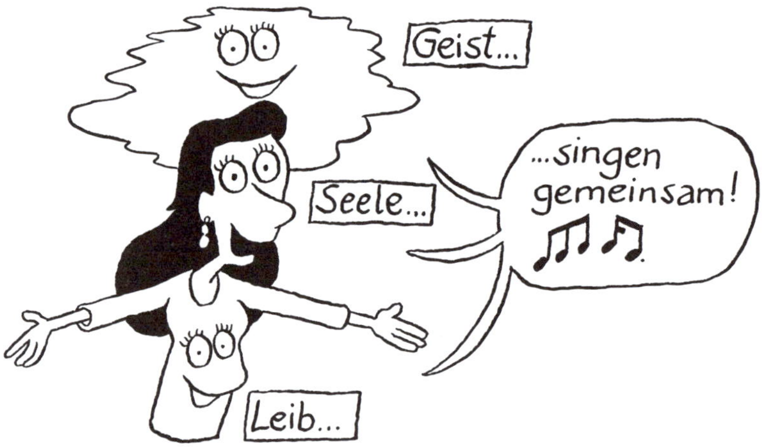

Stimme, Persönlichkeit und Vorbilder

Singen ist weitaus mehr, als nur die Stimmbänder zu bewegen: Singen umfasst den ganzen Menschen. Im Hebräischen existiert nur ein Wort für die Begriffe „Seele“ und „Kehle“: נֶפֶשׁ [Näfäsch]. Seele und Kehle sind eins.

Diese Erkenntnis ist die Grundlage für meine Tätigkeit als Gesangscoach geworden. Ich entwickelte ein ganzheitliches Konzept. Zusätzlich inspiriert wurde ich vor vielen Jahren durch das Kapitel „Gesangssound“ in Billy Myers Buch, wo sie die Themen „Körper“, „Persönlichkeit“ und „Vorbilder“ aufgreift.[5] In diesem Zusammenhang und während meiner jahrelangen Erfahrung habe ich mein Konzept weiterentwickelt und verfeinert.

Mein Konzept orientiert sich an dem altbewährten und sehr weisen biblischen Menschenbild von Leib, Seele und

Geist. Wer Singen lernen möchte, muss alle Gefäße – Leib, Seele und Geist – im Blick behalten und darauf achten, dass sie gleichmäßig gefüllt sind. Unsere körperliche und seelische Befindlichkeit sowie das, was wir uns zu Gemüte führen, wirken sich unmittelbar auf die Stimme aus.

Manchmal müssen erst Blockaden in der Seele gelöst werden, damit sich schließlich die eigene Stimme entwickeln und die Persönlichkeit entfalten kann. Viele Redewendungen, wie „mir ist etwas auf die Stimme geschlagen!" oder „einen Kloß im Hals haben", kommen wohl daher. Und wie oft erlebe ich in meinen Gesangscoaching-Stunden, dass Schüler/-innen kommen und sagen: „Heute kann ich nicht singen – mir geht es nicht gut." Dann arbeiten wir an einem anderen Punkt: nicht an der Kehle, sondern an der Seele.

Es ist wichtig, in allen drei Bereichen Erfahrungen zu sammeln. Die Basics dafür hast du in den vorangegangenen Kapiteln gelernt. Singe bewusst: ob im Auto, Gottesdienst oder zu deiner Lieblingsmusik. Nutze Chancen für eigene (Solo-)Auftritte und probiere dich aus. Nimm deinen Gesang auf und werte die Aufnahme aus. Besuche Konzerte und lerne von anderen.

Nur durch Erfahrung kannst du dich weiterentwickeln.

Wenn du *Leib*, *Seele* und *Geist* gleichmäßig befüllst, wirst du genug Wasser haben, um die Knospe zur vollen Blüte zu bringen. Deine Stimme wird sich entfalten, aufblühen und authentisch dem Ausdruck verleihen, was in dir steckt.

Die Konzentration, die erforderlich ist,
einem wilden Tier zu begegnen,
ist dieselbe, die man braucht,
um ein Stück Musik zu durchdringen.
Beiden kann man weder halbherzig
noch auf halber Strecke begegnen.

Hélène Grimaud, Pianistin
(In ihrer Freizeit widmet sie sich der Wolfszucht.)

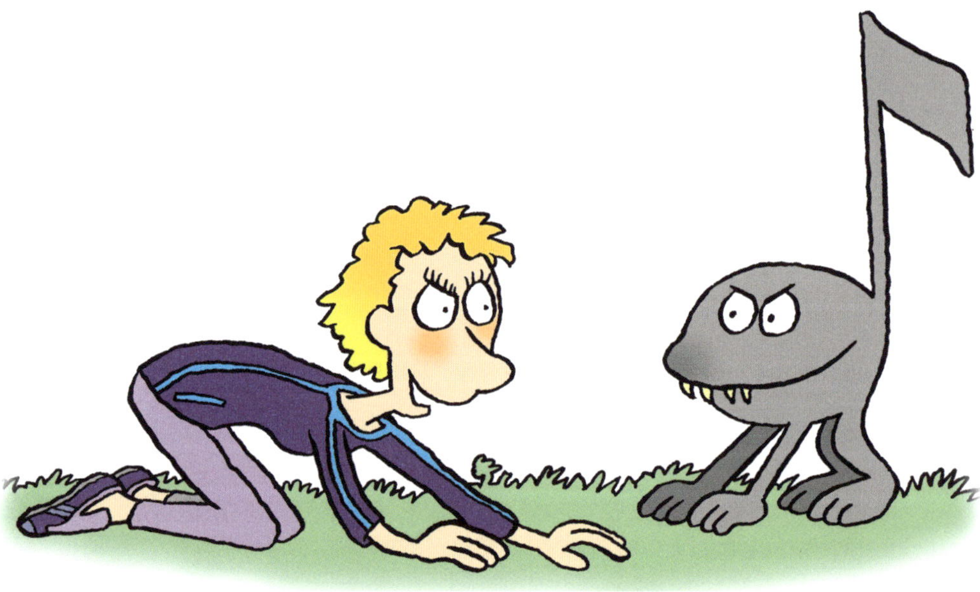

5

INTERPRETATION

Interpretation

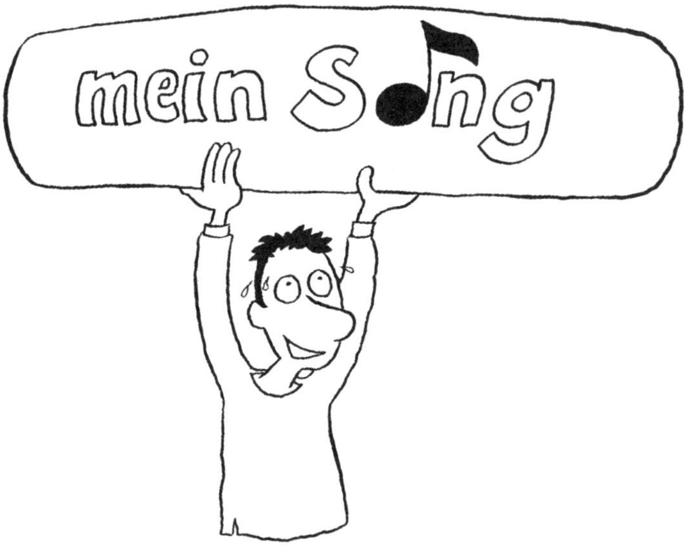

Vertraut werden mit deinem Lied

Das Wort „Interpretation" („interpretieren" wurde bereits in mittelhochdeutscher Zeit, also vor rund 1000 Jahren, dem lateinischen „inter-pretis" entlehnt, das von „interpres" stammt, was wiederum – vor allem in der Kaufmanns- und Rechtssprache – mehrere Bedeutungen hatte: Vermittler, Erklärer, Dolmetscher) bedeutet im musikalischen Kontext eine „auf der jeweils mehr oder weniger persönlichen Deutung, Auslegung eines Musikstücks beruhende künstlerische Wiedergabe."[6] Eine gute Interpretation wird eins mit dem Song. Sie begeistert das Publikum mit ihrer Hingabe und Authentizität und kann Emotionen direkt ins Herz transportieren. Aber wie erreicht man als Sänger/-in so eine Performance?

Ich habe zu diesem Thema viel gelesen und besonders hat mich Karin Ploog in ihrem Buch „Voicecoaching"[7] inspiriert. Ihr Raster zur Erarbeitung eines Musikstücks, das ich aufgrund eigener Erfahrungen weiterentwickelt und ergänzt habe, ist zu meiner Grundlage geworden, wenn ich mich mit einem neuen Song befasse.

Die erste Etappe auf dem Weg zu einer gelungenen Interpretation besteht darin, das gelernte Handwerk umzusetzen und sich das Lied zu erarbeiten.

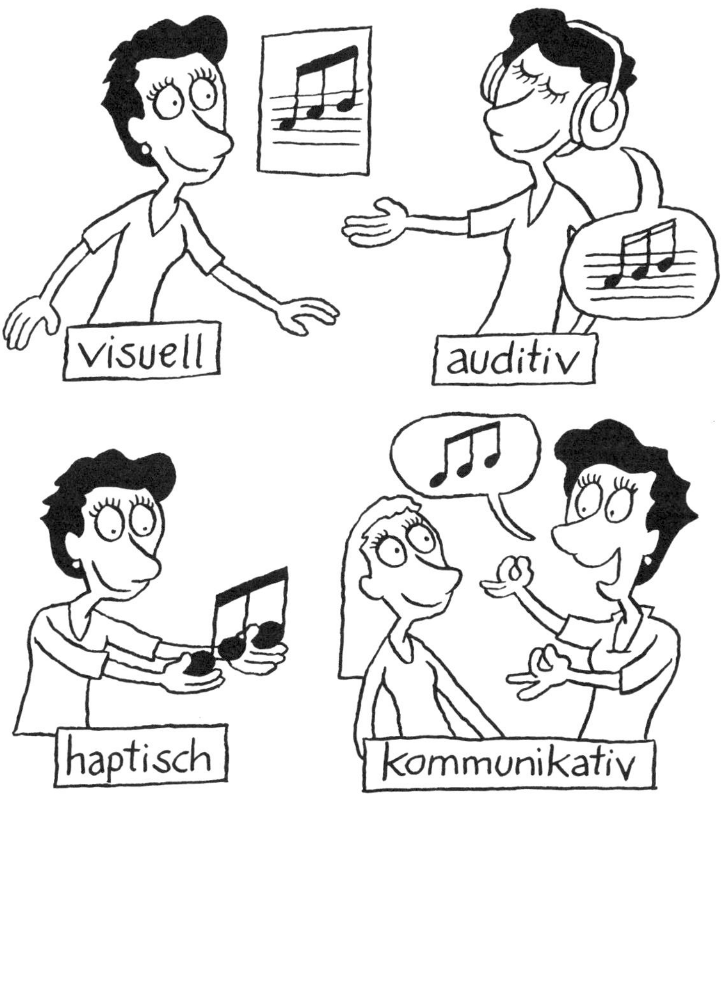

Hierbei ist es hilfreich, wenn du deinen Lerntyp kennst. Man unterscheidet grob zwischen vier solcher Typen: dem visuellen, dem auditiven, dem haptischen und dem kommunikativen. Am Ende ist man immer eine Mischung aus allen, hat aber gewisse Präferenzen. Ich nehme mich mal als Beispiel: Wenn ich eine bestimmte Stelle in einem Buch suche, kann ich mich oft erinnern, dass sie sich irgendwo unten links befindet. Oder ich schreibe eine Einkaufsliste, vergesse sie zu Hause und bringe doch zu 90 % alles mit, was darauf steht. D. h. schreiben und sehen, haptisch und visuell – das ist meine Lerntyp-Mischung.

Die Kenntnis meines Lerntyps führt dazu, dass ich alle meine Moderationen und Liedtexte zunächst aufschreibe, wenn ich sie auswendig lernen will. Das ist viel Arbeit, aber es lohnt sich, denn beim Vortrag laufen diese Liedtext-Bilder quasi vor meinem inneren Auge ab und geben mir Sicherheit. Wenn du eher über das Hören lernst, sprich die Texte und Moderation auf und höre sie zum Beispiel beim Sport oder auf Autofahrten an. Als kommunikativer Lerntyp kannst du dir jemanden suchen, dem du das, was du auswendig lernen möchtest, vorsagst und erklärst. Zur Not funktioniert das auch im Selbstgespräch.

Das Zusammenspiel von Text und Melodie ist übrigens auch eine große Hilfe beim Auswendiglernen. Ich merke das daran, dass ich meine Lieder zwar auswendig singen kann, soll ich sie aber einfach nur aufsagen, dann fällt mir das sehr schwer und ich muss mich immer wieder an den Zusammenhang mit der Melodie erinnern.

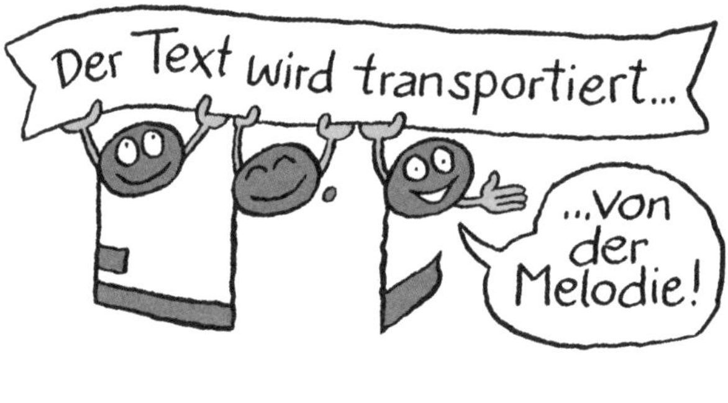

Tipps – Zugang zum Song

Lerne den Song auswendig und achte auf die richtige Artikulation und Aussprache. Schau dir zunächst den Text ganz genau an:

- Wenn es sich um ein deutsches Lied handelt, gehe die phonetischen Regeln durch, die in diesem Buch weiter vorne im Kapitel „Richtige Aussprache" (Seite 32 ff.) aufgelistet sind. Ein Tipp: Markiere die „Regeln" in deinem Text in unterschiedlichen Farben. So kannst du dich beim Üben leichter an diese erinnern und sie abrufen, bis sie in „Fleisch und Blut" übergegangen sind.
- Wenn du ein fremdsprachiges Lied singen möchtest, ist es ein Muss, dich sprachlich dafür fit zu machen und dich eventuell von einer in dieser Sprache erfahrenen Person coachen zu lassen.
  Auch die englische Sprache ist eine Fremdsprache für uns Deutsche und hat ihre eigenen phonetischen Gesetzmäßigkeiten. Das ist mir wichtig zu erwähnen, gerade wo das Singen in Gospelchören erfreulicherweise so zunimmt und in ist.

Mache dir den Ablauf und den Aufbau des Liedes klar:
- In welche Teile gliedert sich der Song, wo sind die Pausen und Einsätze?
- An welchen Stellen holst du Luft zwischen den Phrasen?
- Welche Bildvorstellungen brauchst du wo, um die Töne richtig zu platzieren?

Übe so lange, bis auch die schwierigen Stellen technisch sitzen und du dich nicht mehr auf das Singen an sich konzentrieren musst.

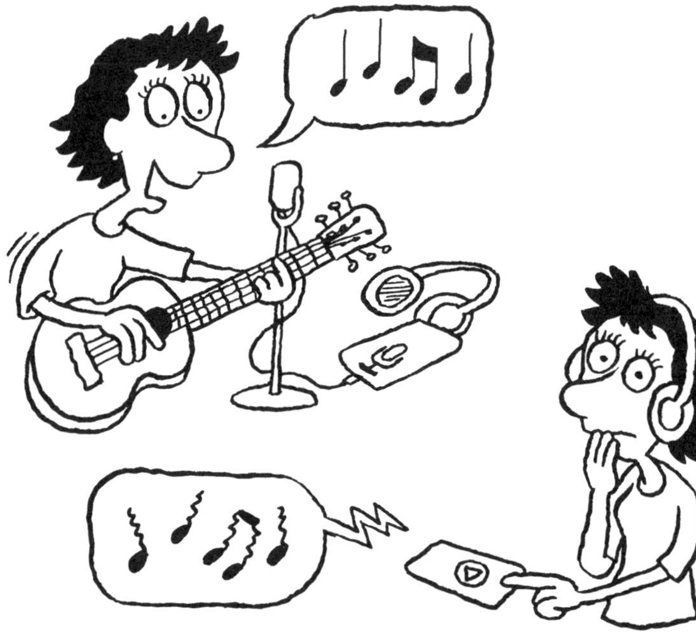

Hier nochmals eine Erinnerung an die Innen- und Außenohrwahrnehmung: Stelle dich deinem „wahren" Klang, um weiterzukommen. Nimm dich beim Üben auf und hör dich selbst an! Nur so weißt du, wie du „wirklich" klingst, und kannst an dir arbeiten.

Nun kommt der nächste Schritt in der Vorbereitung: Du erreichst dein Publikum emotional, wenn du es schaffst, deine Gefühle authentisch in den Song zu legen. Bei selbst geschriebenen Liedern ist der persönliche Zugang natürlicherweise vorhanden. Aber wie schafft man es, einen Coversong gut zu interpretieren? Ganz einfach: Mache ihn zu deinem Song! Folgende Dinge können dir dabei helfen, einen persönlichen Bezug zu schaffen:

Tipps – Zugang zur Interpretation

Informiere dich über den Komponisten und die Entstehungsgeschichte des Stückes.

Was gibt es im Internet an Informationen zu dem Song?

Welchen Musikstil hat der Song im Original? Möchtest du ihn beibehalten oder ändern?

Sprich zunächst den Text wie ein Gedicht und achte – ganz unabhängig von der Melodie – auf Sinnzusammenhänge, Betonungen und Satzzeichen.

Übersetze fremdsprachige Liedtexte in deine Muttersprache, um sie bis ins Detail zu verstehen.

Schreibe Untertitel zum Text:
Was bedeuten die einzelnen Zeilen für dich?

Wenn du ein Musikvideo zu diesem Song machen dürftest, welche Szenen gäbe es darin?

Welche Bilder helfen dir dabei, dich mit dem Song emotional zu verbinden? Dich voll „reinzugeben"?

Definiere drei Hauptgefühle/Emotionen, die du als Überschrift über das Stück setzt, um sie beim Singen abrufen zu können.

Damit du Gefühle auf Kommando abrufen kannst, ist es sinnvoll, dir ein Gefühlsregister für die wichtigsten Emotionen anzulegen. Überlege dir zu jedem Gefühl ein Erlebnis oder eine bestimmte Situation, in der du es besonders deutlich gespürt hast. Indem du dich an deine persönliche Verbindung erinnerst, kannst du dir das Gefühl bei Bedarf wie ein Kleidungsstück anziehen. Diese Methode wurde ursprünglich von Stanislawski[8] für Schauspieler/-innen entwickelt. Die Verknüpfung mit persönlichen Bildern und Situationen macht es möglich, das erforderliche Gefühl nicht nur vorzuspielen, sondern es tatsächlich zu empfinden.

Nachfolgend findest du Platz, um deine Gedanken zu einigen Gefühlen zu notieren. Je nach Song kannst du die Liste gerne erweitern (natürlich sind auch negative Gefühle erlaubt).

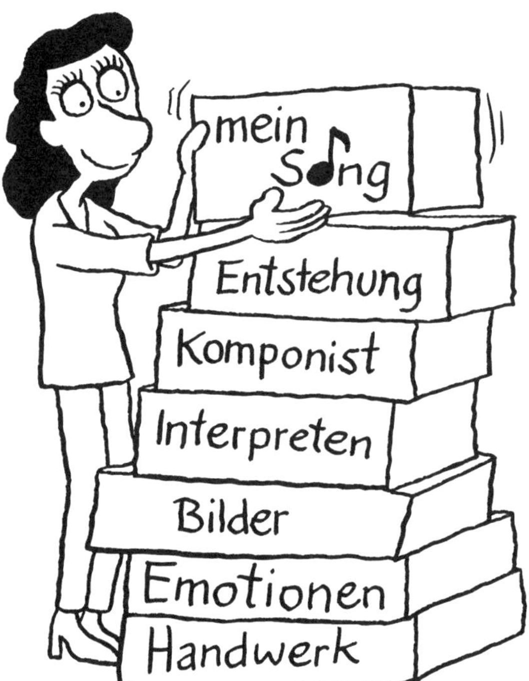

Freude

Sehnsucht

Glück

Liebe

Wenn du dein Lied performst, mach es wie die Geschichtenerzähler/-innen, die engagiert eine Botschaft vermitteln und ihr Publikum erreichen möchten. Wenn man kleinen Kindern eine Geschichte erzählt, betont man wichtige Passagen, bedient sich einer ausgeprägten Sprachmelodie und unterstreicht den Inhalt mit entsprechender Mimik und Gestik.

> Sei eine Erzählerin! Sei ein Erzähler!
> Sprich deutlich, übertreibe, und sei dir nicht zu schade, dich zum Affen zu machen.
> Sei fantasievoll!

Und noch ein abschließender Tipp: Mit die größten Feinde einer gelungenen Interpretation sind deine Gedanken der Selbstkritik. Schalte sie aus – auch die Angst vor der Kritik anderer. Du hast die Sicherheit einer sehr guten Vorbereitung im Rücken. Jetzt kannst du dich fallen lassen und alles loslassen. Lass dich von der Melodie tragen, fliege auf deinen Gefühlen davon, und genieße das Singen!

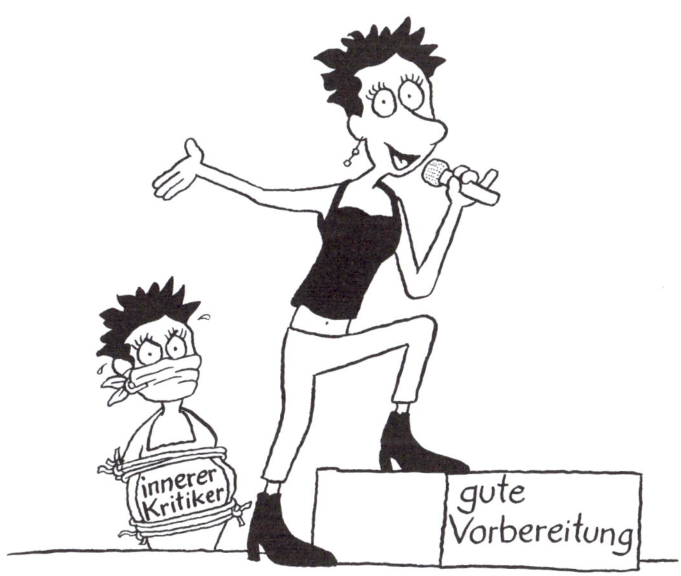

Die Augen hören mit!

Beate Ling

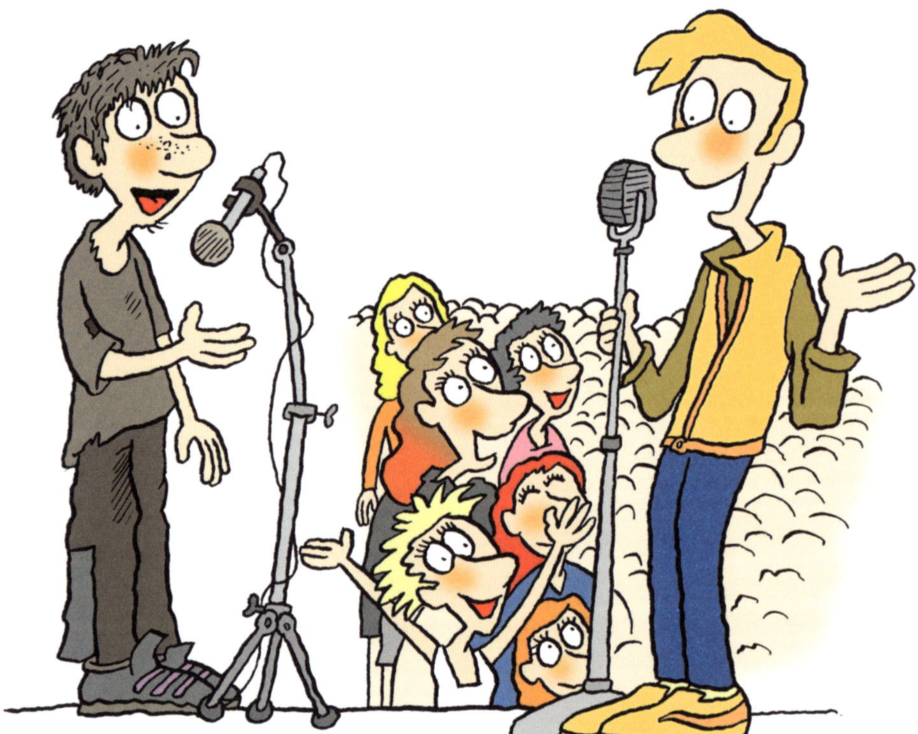

6

BÜHNENPRÄSENZ

Bühnenpräsenz

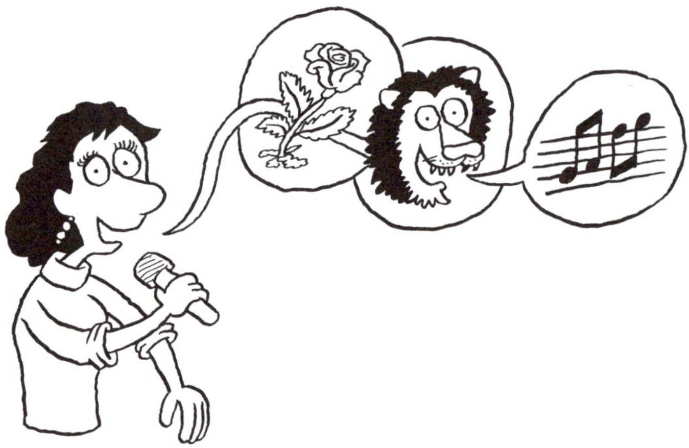

Gute Künstler/-innen umgibt eine Art positive Aura, die die Zuhörer in ihren Bann zieht. Diese Ausstrahlung und Präsenz auf der Bühne ist ausschlaggebend dafür, ob sich das Publikum angesprochen und wohl fühlt.

Einige Dinge, die sehr wichtig für eine positive Ausstrahlung sind, hast du bereits im ersten Kapitel dieses Buches kennengelernt: Aktiviere durch Staunen die richtige Körperspannung. Singe mit den Augen und sei präsent. Erinnere dich an die bildlichen Tonvorstellungen, um mit optimalem Klang zu begeistern.

All diese Tipps gehören in deinen „Werkzeugkasten", den du für die Ausübung deines „Handwerks" brauchst. Und dieses zu beherrschen, ist für dich als Sängerin oder Sänger sehr wichtig, um stimmungs- und tagesformunabhängig dein Können abrufen zu können. Nehmen wir einen Bäcker als Beispiel: Obwohl er seinen Beruf gerne ausübt, hat er vermutlich nicht jeden Tag Lust, so früh aufzustehen. Aber warum schmecken seine Brötchen später trotzdem? Weil er sein Handwerk versteht, das Rezept in- und auswendig kennt und sich auf das Gelernte verlassen kann. Ebenso wie dem Bäcker hilft dir das gelernte technische Know-how, um in jeder Stimmungslage dein Instrument zum Klingen zu bringen und dein Publikum für dich zu gewinnen.

Blickkontakt

Blickkontakt zum Publikum ist sehr wichtig, um ihm zu zeigen, dass es persönlich angesprochen und wahrgenommen wird. Vor einiger Zeit habe ich in einem Managerbuch vom Würfelprinzip[9] gelesen: Man positioniert vor dem inneren Auge im Publikum die Punkte einer Fünf, so wie sie auf einem Würfel dargestellt werden. Während des Vortrags sucht man immer wieder Blickkontakt zu diesen fünf Punkten – so haben alle Zuschauer das Gefühl, sie werden angeschaut und miteinbezogen. Dieses Prinzip hat sich bei meinen Auftritten sehr gut bewährt.

Kleine Randbemerkung: Oft werden in Gottesdiensten die Lieder von Musikteams/Ansingeteams/Worshipbands begleitet und der Gemeindegesang so unterstützt und angeleitet. Diese Bands sind vielleicht von dieser Art „Blickkontakt" ausgenommen oder dürfen individueller ihre Haltung ändern. Es handelt sich ja nicht um einen klassischen Liedvortrag.

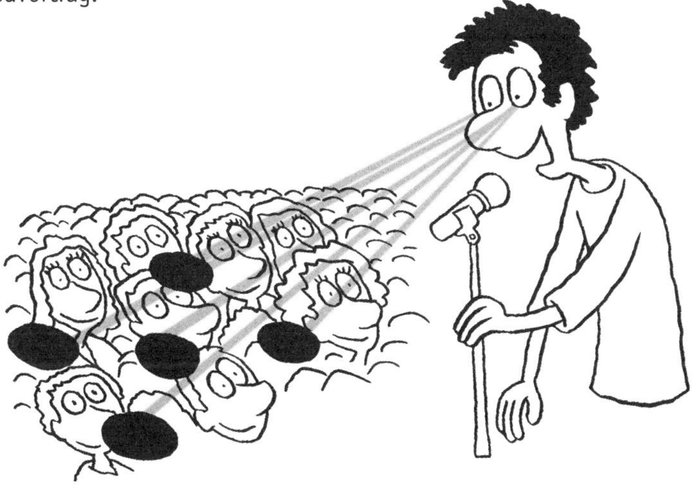

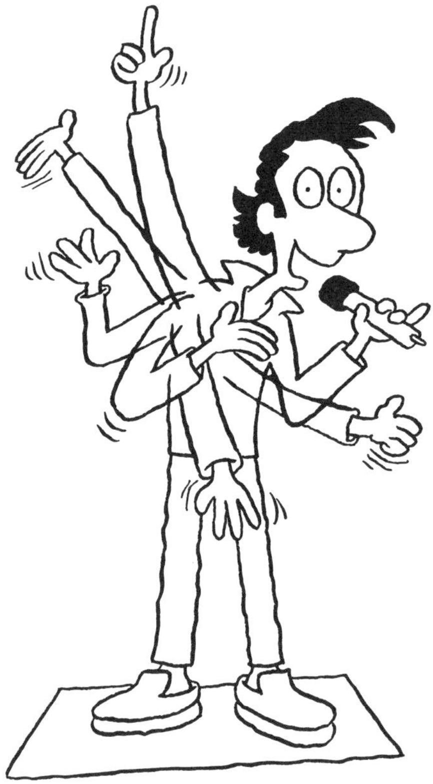

Körpersprache

Dass die nonverbale Kommunikation lauter spricht als das, was man tatsächlich sagt, ist mittlerweile allgemein bekannt. Das gilt auch in besonderem Maß für die Bühne. Deine Körpersprache kann unterstreichen, was du dort oben tust – oder auch deiner eigentlichen Intention entgegenwirken.

Zu diesem Thema gibt es sehr viel Literatur von Fachleuten (siehe Literaturhinweise am Ende des Buches), deshalb hier nur ein paar ganz wenige Tipps von mir:

- Ideal als Ausgangspunkt ist eine neutrale Körperhaltung, die erst einmal nichts aussagt. So lenkt nichts ab von dem ab, was du vermitteln möchtest. Erinnere dich an den geerdeten Stand beim Singen: Du stehst gerade und fest auf beiden Beinen, die Füße sind dabei ungefähr schulterbreit auseinander (A-Form der Beine).
- Die Gestik mit den Armen bzw. Händen sollte sich vor dem Oberkörper abspielen. Bewegungen und Gesten unterhalb der Taille wirken oft zufällig und störend, denn die Zuschauer wissen dann nicht, ob sie auf deine Hände oder dein Gesicht achten sollen und sind somit abgelenkt. Wenn du mit Mikrophon singst, ist eine Hand schon mal „aufgeräumt", die andere kann das Gesungene unterstützen.

Übe vor dem Spiegel, oder nimm dich auf Video auf, und beobachte deine Körpersprache.

Es ist in jedem Fall von Vorteil zu wissen, welche körpersprachlichen Angewohnheiten man hat – auch zum Selbstschutz. In meinem Fall kann ich mittlerweile beispielsweise ganz ungeniert und lächelnd mit „Ja" antworten, wenn mich jemand fragt, ob ich eigentlich wisse, dass ich meine Nase bei hohen Tönen nach oben ziehe und in Falten lege. Ich bin mir dessen (und noch anderer Dinge, die ich hier nicht verrate) bewusst. Sie „passieren" nicht einfach so, und ich kann sie entweder gezielt vermeiden oder auch bewusst einsetzen – und auch annehmen, weil sie eben einfach zu mir gehören.

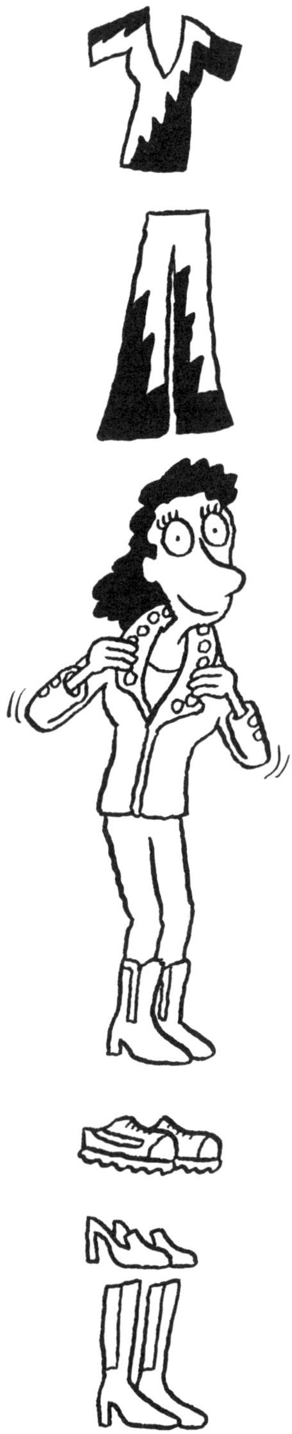

Das richtige Bühnenoutfit

Wer auf der Bühne steht, wird angeschaut. Die Forschung hat herausgefunden, dass fast 60 Prozent der Wahrnehmung über die Optik vonstattengeht. Wenn ein Knopf lose am Jackett hängt oder die unpassende Krawatte heraussticht, zieht das sehr viel Aufmerksamkeit auf sich und lenkt die Zuschauer vom eigentlichen Inhalt des Auftritts ab. Unterschätze daher nicht den Stellenwert deines Bühnenoutfits!

Beim Bühnenoutfit lässt sich sicherlich über Geschmack streiten, aber es gilt eine Achtsamkeitspflicht. Dein Publikum und du selbst sollten es dir wert sein, auf dein Äußeres zu achten. Es ist ein Zeichen deiner Wertschätzung für den Zuschauer, wenn du Aufwand betreibst, um schön auszusehen. Und es unterstreicht deine Performance positiv und gibt dir Sicherheit: Wenn du dich selbst wohlfühlst, kannst du präsent sein und musst dich nicht „verstecken".

Diese Empfehlungen helfen dir beim Styling:

Style: Eine Farb- und Stilberatung kann dir helfen, deinen passenden Style zu finden und grundlegende Outfit-Fragen zu klären.

Kleidung: Dich wohlzufühlen in deiner Haut und in deinem Outfit, ist hier das Wichtigste. Finde deinen Stil, und frag auch gerne Freundinnen oder Menschen, denen du vertraust und die dich gut kennen.

Bühnen-Make-up: Hier habe ich Tipps von Rahel Täubert für die weiblichen Leser dieses Buches eingeholt. Sie ist Fachfrau für Make-up und Haar und außerdem eine versierte Fotografin. Zuletzt arbeiteten wir beim Fotoshooting für mein Album „Leben atmen" zusammen.

Tipps für ein bühnenwirksames Styling

von Rahel Täubert[10]

Achte auf dein Hautbild

Es soll ausgeglichen aussehen und nicht zu dunkel sein oder Rötungen aufweisen. Benutze ein leichtes Make-up. Der richtige Farbton muss immer der Farbe deines Halses entsprechen. Nicht dunkler. Farbe am Kieferknochen übergehend zum Hals hin testen.

Concealer ist ein Abdeckprodukt gegen Augenschatten und man sollte es nie vergessen. Es hellt die Augenpartie unter den Augen auf und man wirkt frischer und strahlender. Die Farbe sollte der der Wangenpartie entsprechen. Man tupft es sanft unterhalb der Augen bis an den unteren Wimpernkranz auf, lässt es dann zu den Wangen hin auslaufen. Somit verschwinden Augenringe oder müdes Aussehen im Nu. Achte auf eine flüssige und weiche Textur. Cremige oder zähe Konsistenz setzt sich zu schnell unschön ab.

Schaffe eine ausdrucksvolle Augenpartie

Betone die Augenbrauen mittels Augenbrauenstift oder Augenbrauenfarbe. Sie sind der „Rahmen" um dein Auge. Augen mit Lidschatten (keine grellen Farben) betonen. Natürliche Farben wirken authentischer.

Eyeliner betont den Wimpernkranz deutlich und lässt das Auge ausdrucksvoll wirken. Wasserfeste Produkte sind oft besser für Auftritte, denn sie halten, auch wenn man ins Schwitzen kommt. Das gilt auch für Wimperntusche. Tuscht eure Wimpern kräftig, das verleiht Ausdruck. Wer sich traut, darf auch gerne mit künstlichen Wimpern experimentieren. Aber Achtung! Keine Übertreibungen, sonst erzielt man eine groteske Maskerade.

Rouge verleiht Frische und Lebendigkeit

So geht's: Lächle dich im Spiegel an. Dort, wo deine Bäckchen entstehen, wird das Rouge aufgetragen. Nicht zu hoch und nicht auf die Schläfen. Du solltest frisch und gut durchblutet aussehen. Eine Farbe wie zum Beispiel Apricot oder Rosa sieht sehr gut aus. Wangenknochen können zusätzlich mit einem bräunlichen Ton unterhalb des Wangenknochens betont werden. Auch hier: vorsichtig mit Übertreibungen.

Lippen sollten immer betont werden

Schließlich sind sie dein Instrument. Betone die Lippen entsprechend deinem Typ. Wer sich traut, knallige rote Lippen zu zeigen – nur zu! Wer es lieber sanft mag, darf ein bisschen zurückhaltender sein. Nur: Betonung ist ein MUSS! Tipp: Vermeide Lipgloss – der klebt gern mal am Mikrofon oder verleiht ein irritierendes Gefühl auf den Lippen. Einfach die Lippen mit Lipliner voll ausmalen, dann die passende Lippenfarbe darübermalen, und schon ist die Haltbarkeit optimiert.

Puder – ja oder nein?

Wer zu stark glänzender Haut tendiert und eine ölige T-Zone hat, sollte sich unbedingt abpudern. Achte auf einen transparenten Puder oder einen, der deiner Hautfarbe entspricht. Ein zu matter Teint wirkt wie eine Maske. Wer so aussieht, hat oft eine Puderüberdosis verpasst bekommen. Auch hier gilt: WENIGER ist MEHR! Ein leichter „Glow" auf Wangenpartie und Dekolleté ist wunderschön und kann mittels Glanzpuder ganz bewusst in Szene gesetzt werden. Glanzprodukte gibt es in gepresster Puderform oder auch in cremigflüssiger Variante. Einfach auf Dekolleté, Arme und Wangenknochen geben. Ein kleiner Wow-Effekt für deinen Auftritt!

Noch ein grundsätzlicher Hinweis zum Make-up:
Matte Produkte sind für Auftritte vor Video-/TV-Kameras unerlässlich. Schimmernde Farben dürfen für Bühnen hingegen nicht fehlen, denn schimmernde Haut und Augen werden von Scheinwerfern reflektiert. Vor TV-Kameras wirken sie hingegen eher wie schwitzende Haut.

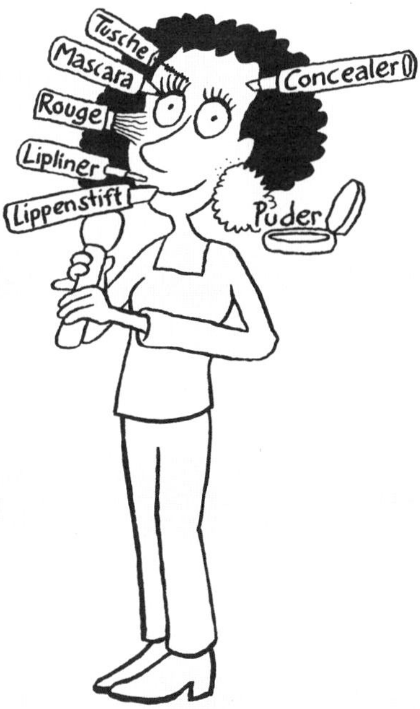

Haare sind Teil des Gesamtkunstwerks
Achte auf deine „Frisur". Style deine Haare etwas mehr als im Alltag. Egal, wie der Style aussieht, aber mache dir bewusst, dass dein Gesamtbild und deine Ausstrahlung sehr viel mit deinen Haaren zu tun hat! Man kann auch Accessoires verwenden. Hauptsache, sie sind in Szene gesetzt. Ein guter Haarstyle gibt dir Selbstsicherheit.

Denke immer daran:
Du bist ein Gesamtbild und ein Instrument. Dein Körper und dein Gesicht sind das Transportmittel. Der Zuschauer sieht deine Augen, deine Haare und deinen Mund und auch wie du dich bewegst. Nichts entgeht dem Betrachter! Verstärke deine Präsenz mit einem gepflegten und gut gestylten Äußeren.

Eine wichtige Rolle spielt natürlich auch, ob du alleine auf der Bühne stehst oder Teil einer Band bist. Bei mehreren Sängerinnen/Sängern oder einer Band ist es ratsam, das Outfit im Vorfeld abzustimmen. Empfehlenswert sind dann unifarbene Kleidungsstücke in einem bestimmten Farbspektrum.

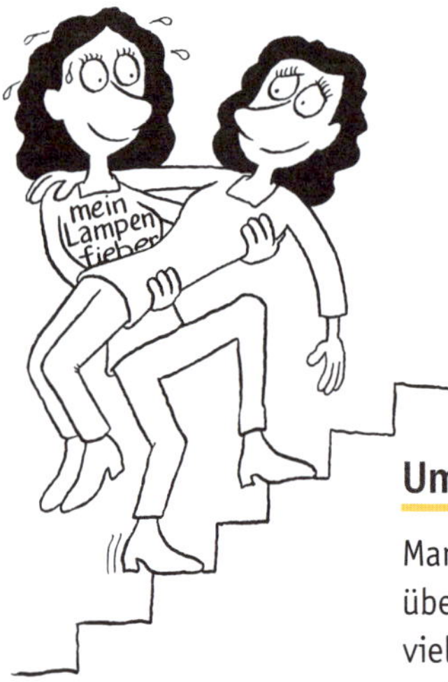

Umgang mit Lampenfieber

Man hat alles bestmöglich geübt und vorbereitet und dann überkommt einen dieses unangenehme Gefühl. Herzrasen, vielleicht auch Übelkeit, zittrige Hände und Knie und so weiter machen einem zu schaffen. Lampenfieber ist an sich nichts Schlechtes, denn das ausgeschüttete Adrenalin gibt dir die nötige Power für die Herausforderung und erhöht die Konzentration. Es tritt in der Regel kurz vor dem Auftritt auf.

Angst hingegen kann sich schon lange davor breitmachen und für einen Auftritt durchaus hinderlich sein. Gegen sie kannst du aber glücklicherweise wirksame Vorkehrungen treffen, indem du dich gut vorbereitest und ihr so jede Grundlage entziehst.

Hier möchte ich kurz „aus dem Nähkästchen plaudern": Ich gehöre zu den Sängerinnen, die sehr lampenfiebrig sind – ich kann also ein Lied davon singen, wie sich das anfühlt! Tatsächlich habe ich mein Lampenfieber angenommen und sogar „umarmt", denn es hilft mir, hoch konzentriert zu sein und nichts aus dem Ärmel zu schütteln. Nach so vielen Jahren Erfahrung wäre das ja möglich. ABER – mein Lampenfieber signalisiert mir immer wieder aufs Neue: „Das ist eine besondere Situation! Menschen kommen, um dir zuzuhören. Nimm das nicht auf die leichte Schulter!" Insofern bin ich sogar dankbar dafür. Und sobald es dann losgeht, ist es ja zum Glück auch wieder weg!

Meine fünf Tipps gegen Lampenfieber

Nimm dein Lampenfieber an: Es hilft dir bei deinem Auftritt, und die Zuhörer nehmen deine Aufregung meistens gar nicht wahr.

Sicherer Start und gezielte Landung: Gib dir Sicherheit, indem du den Anfang und das Ende deines Auftritts gut probst sowie deine jeweils ersten und letzten Sätze/Liedzeilen besonders gut auswendig lernst.

Unsicherheiten minimieren: Sei rechtzeitig vor Ort und mache dich mit den räumlichen Gegebenheiten vertraut. Schlüpfe mit Make-up und Bühnenoutfit in eine Rolle, durch die du persönlichen Abstand zur Situation erhältst.

Spannung abbauen: Halte möglichst lange die Luft an und atme dann tief ein und langsam wieder aus. Optimalerweise dauert die Ausatmung ungefähr doppelt so lang wie das Einatmen. Durch ruhiges Atmen verlangsamt sich dein Puls. Tu, was dir guttut und dich entspannt. Entwickle Rituale. Lass dich zum Beispiel in ein belangloses Gespräch verwickeln.

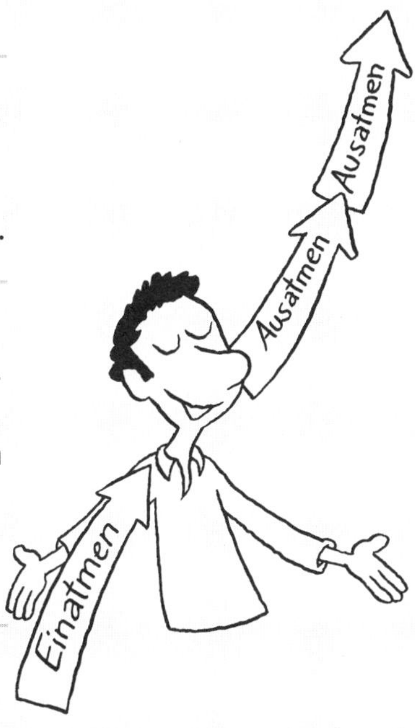

Auf der Bühne: Suche freundliche Gesichter im Publikum und schaue sie immer wieder bewusst an. Das gibt Sicherheit und ein positives Grundgefühl. Bei deinen ersten Auftritten kannst du zu diesem Zweck auch gute Freunde verteilt im Publikum platzieren. Außerdem solltest du auch immer wieder Blickkontakt zu deinen Bandmitgliedern suchen. Dieses Gemeinschaftsgefühl hilft!

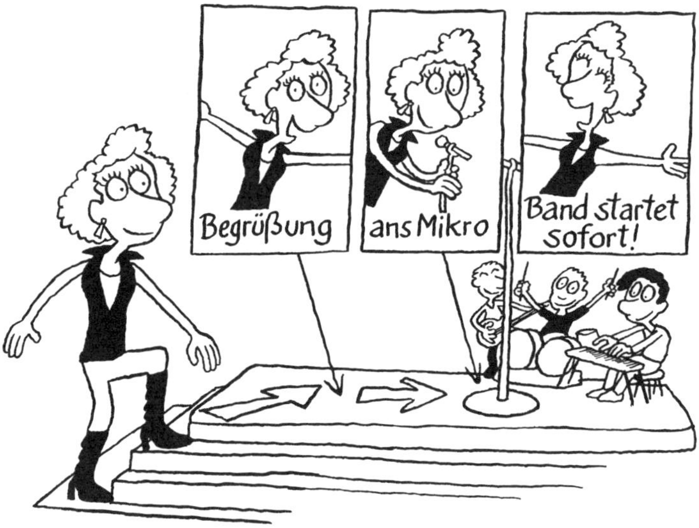

Der Auftritt

Zu einem Auftritt gehört nicht nur das einstudierte Musikstück. Auch die Laufwege auf der Bühne, die Standposition beim Reden und Singen, der Ablageort für das Mikrofon, die richtige Position des Monitors und des Pultes (falls nötig) und natürlich auch Moderationen sind Teile davon.

Viele machen den Fehler, nur die musikalischen Bestandteile zu proben und die anderen Dinge mehr oder weniger dem Zufall zu überlassen. Betrachte den Auftritt im Ganzen, und bereite dich auf alles vor, was dazugehört. Ich kenne Instrumentalisten, die sogar das Umblättern ihrer Noten im Vorfeld üben. Achte auf die Anordnung der Dinge auf der Bühne, die du in Reichweite brauchst. Mache dir im Vorfeld Gedanken zu einem roten Faden, der sich durch deinen Auftritt zieht, und probe unbedingt auch deine Moderationen, mit denen du die einzelnen Teile verbindest.

Tipps zur Moderation

Halte deine Moderationsinhalte im Vorfeld schriftlich fest und rede dann möglichst frei. Diese Vorbereitung, bei der du die Sätze einmal ausformuliert aufschreibst, hilft dir später, die Inhalte auch beim freien Reden auf den Punkt zu bringen.

Nimm dich auf Video auf, wenn du die Moderationen probst, und achte auf deinen Stimmklang, deine Gestik und Mimik. Entlarve wiederkehrende Füllwörter und überflüssige Sprachhülsen.

Sei präsent auf der Bühne und bündle deine ganze Aufmerksamkeit auf den Moment.

Rede so langsam, dass du dir selbst zuhören und deine Gedanken bewusst ausformulieren kannst.
Artikuliere deutlich!

Triff klare Aussagen und bring den Inhalt auf den Punkt.
Spanne einen durchgängigen Bogen von Anfang bis Ende.

Sei ein Gastgeber, behalte den Überblick – auch zeitlich – und hole die Zuschauer ab.

Bewahre Ruhe –
gönne deiner Stimme eine Pause
und umsorge sie gut.

Beate Ling

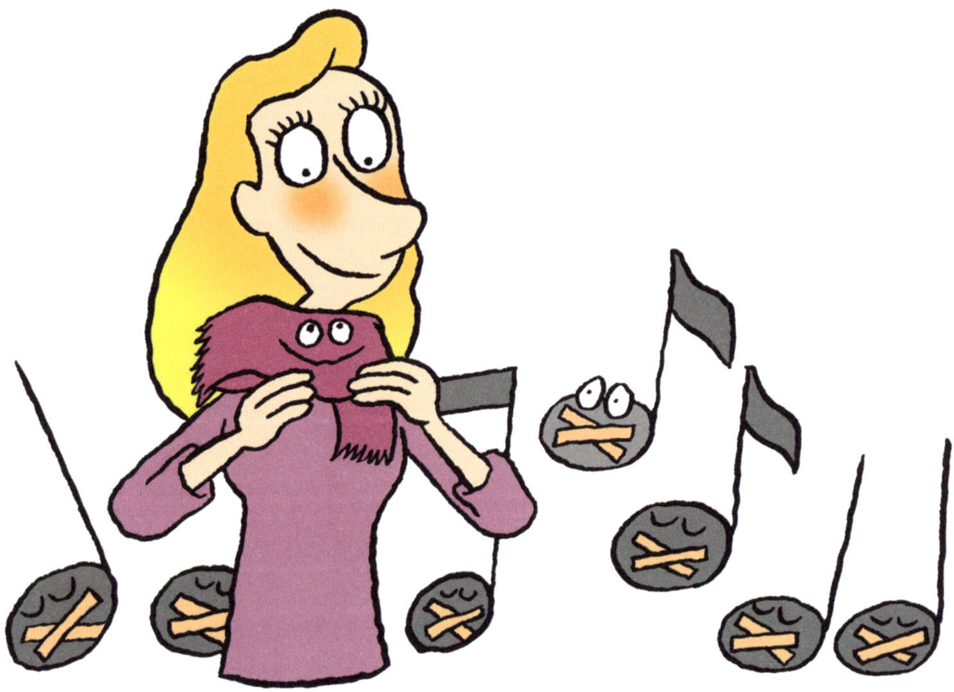

7

ERSTE HILFE FÜR DIE STIMME

Erste Hilfe für die Stimme

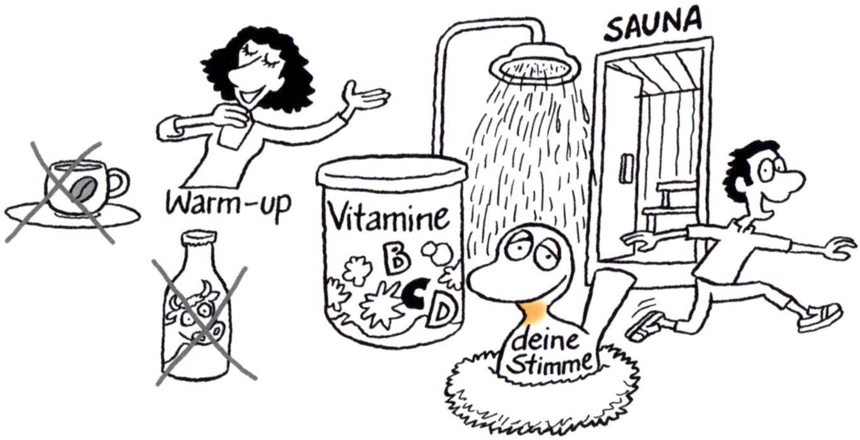

Vorbeugen ist die beste Medizin

Wer die Stimme pflegt und Dinge vermeidet, die ihr zusetzen, beugt Stimmproblemen vor. Dazu gehören – wie schon zu Beginn des Buches erwähnt – eine gesunde Lebensweise mit körperlicher Aktivität und ausreichende Flüssigkeitszufuhr. Auch ein konsequent durchgeführtes Warm-up vor jedem Singeinsatz ist sehr wichtig!

Vor Auftritten kannst du einer belegten Stimme vorbeugen, indem du keine Kuhmilchprodukte zu dir nimmst, denn sie fördern die Schleimbildung. An dieser Stelle auch ein Hinweis, mit dem ich mich selbst nicht ganz leichttue: Kaffee! Die Stimmbänder sind nach Kaffeegenuss durch die dehydrierende Wirkung weniger geschmeidig und man muss sich beim Singen mehr anstrengen (das gilt übrigens auch für Schwarztee und Alkohol). Da ich selbst sehr, sehr gerne Kaffee trinke, ist mein Weg hier ein Kompromiss: Kurz vor dem Auftritt oder einem wichtigen Gesangstermin verzichte ich darauf – und das hilft.

Ein gutes Immunsystem bewahrt vor häufigem Kranksein und damit verbundenen Stimmproblemen. Das lässt sich unterstützen durch die Einnahme von Vitamin C, Wechselduschen oder Saunabesuchen und viel Bewegung an der frischen Luft.

Wenn du weißt, dass du lange am Stück singen musst, bereite dich wie ein Marathonläufer rechtzeitig darauf vor. Plane regelmäßige Singzeiten ein und trainiere deine stimmliche Ausdauer. Bei sich abwechselnden Sprech- und Singeinheiten achte darauf, dass du auch für deine Sprechstimme das Gelernte anwendest.

Vermeide das Räuspern! Das ist nicht leicht, ich weiß – wo es sich doch geradezu aufdrängt, um den „Frosch im Hals" loszuwerden. Ein HNO-Arzt hat mir mal erklärt, dass beim Räuspern die Stimmlippen hart aufeinanderschlagen und somit noch mehr gereizt werden – so, als würde man eine juckende Wunde immer wieder aufkratzen. Was kann man also stattdessen tun? Es hilft, viel zu trinken und durch regelmäßiges Schlucken die Schleimhäute zu befeuchten, zu summen und vor sich hin zu brummen (siehe auch Warm-up Seite 38). Zusätzlich kannst du zur Beruhigung deiner Schleimhäute milde Hustenbonbons lutschen.

Schnelle Hilfe bei akuten Problemen

Wenn du direkt vor dem Auftritt mit Stimmproblemen und Heiserkeit oder Erkältungssymptomen zu kämpfen hast, befolge die Tipps auf den nächsten Seiten. Wegzaubern lässt sich eine Erkältung oder Heiserkeit leider nicht. Aber man kann einiges tun, um schnell wieder fit und singfähig zu werden.

Tipps bei akuten Problemen

Bei Halsschmerzen und Heiserkeit wirken Salbeibonbons, Isländisch-Moos-Präparate und Ipalat® beruhigend auf die Stimme. Stark menthol- oder eukalyptushaltige Bonbons sind weniger empfehlenswert.

Achtung: Medikamente betäuben und können zu Fehleinschätzungen führen – man benutzt die Stimme womöglich falsch oder zu früh! Wenn Hals oder Stimmbänder entzündet sind, solltest du deine Stimme schonen und möglichst schweigen!

Rede und singe so wenig wie möglich vor einem Auftritt! Und auch bitte nicht flüstern: Das beansprucht die Stimme noch mehr!

Singe dich besonders sorgfältig und vorsichtig ein: viel summen (siehe Warm-up) und die Stimme langsam an die „Arbeit" heranführen!

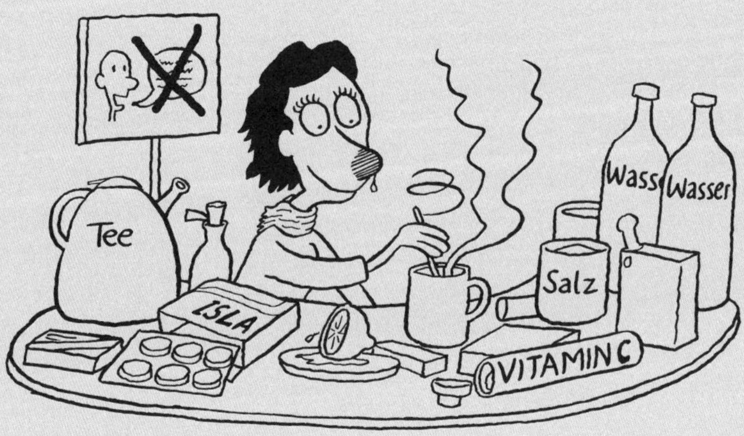

Heiser oder erkältet: was tun?

Wenn du erkältet bist, sind deine Resonanzräume nicht klangfähig. Das kann dazu führen, dass du mit zu viel Druck singst, um dich in gewohnter Weise zu hören. Dem solltest du entgegenwirken und „loslassen".
Bei Schnupfen kannst du deine Resonanzräume mit Salzspülungen der Nase schnell wieder frei bekommen.

Heiße Zitrone hilft durch Wärme und hohen Vitamin-C-Gehalt dabei, die Stimme und das Immunsystem wieder fit zu machen (Zitronensaft mit heißem Wasser mischen, etwas abkühlen lassen und schlückchenweise trinken).

Einmal mehr empfiehlt sich: Viel Warmes trinken!
Gerne Ingwertee und andere Kräutertees.

Sei ausgeruht, und gib deiner Stimme die nötige Ruhe – noch mehr als sonst! Vermeide jede Art von Stress!
Klingt vielleicht seltsam, aber: Bleib cool und gelassen!
Dein Denken hat großen Einfluss auf deine Befindlichkeit.

Vermeide das Räuspern! Erinnere dich an das „Knattern".

Verzichte auf Kuhmilchprodukte!

Das Schöne an Musik ist,
dass sie rezeptfrei erhältlich ist
und als einzige Nebenwirkung
eine heilende Wirkung hat.

Andreas Marti (*1964),
Schweizer reformierter Theologe, Musikwissenschaftler,
Kirchenmusiker, Texter und Moderator

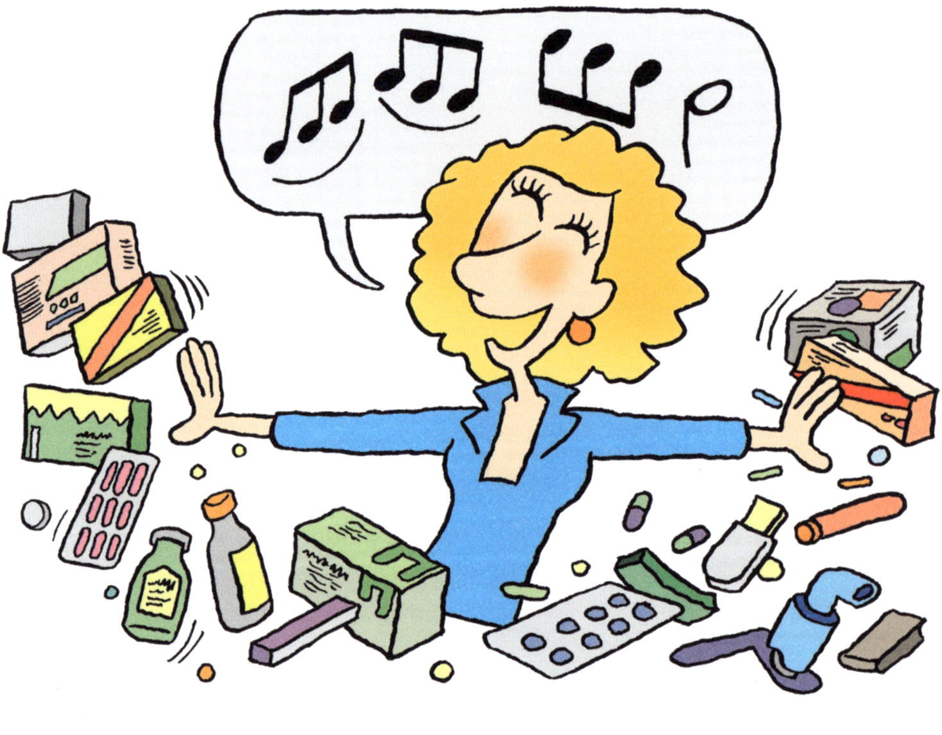

8

MUSIK MACHT GESUND

Musik macht gesund

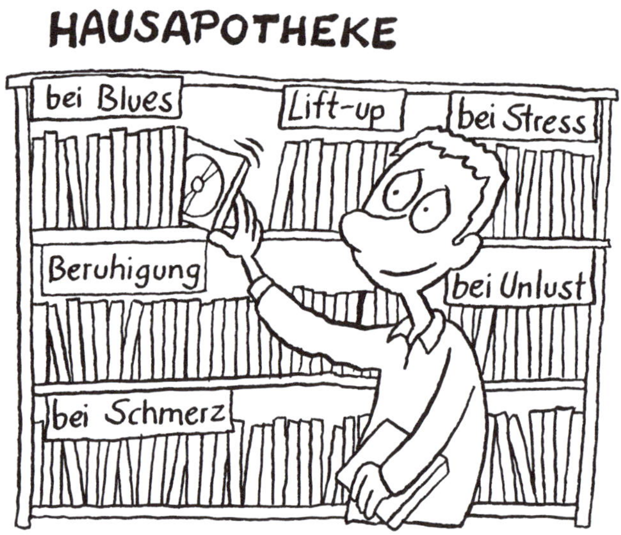

Vor Kurzem durfte ich für ein Sammelwerk ein Kapitel zu diesem Thema beisteuern. Da es Musik, Körper und Seele nochmals aus einer anderen Perspektive beleuchtet und die bereits erwähnten Inhalte sehr gut abrundet, möchte ich es hier – sozusagen als kleinen Exkurs – mit dir teilen. (Ich übernehme das Kapitel dieses Sammelwerks originalgetreu. So erklärt sich auch die Anrede mit „Sie".)

Musik – Heilmittel für Körper und Seele [11]

Es ist bekannt, dass für die Stressresistenz gute Erholung, ausreichend Schlaf und Bewegung notwendig sind. Doch ebenso wichtig ist es, sich Zeit für entspannende Tätigkeiten wie Lesen oder Musikhören zu nehmen und dabei abzuschalten. Wer in der Freizeit Dinge tut, die Spaß machen, kann mit Stress besser umgehen.

Bei meinen Konzertveranstaltungen, Vorträgen und Gesangscoachings erzählten mir Teilnehmende oft, welch große Rolle Musik für ihre Freizeitgestaltung spielt. Als Ausgleich zum stressigen Alltag singen viele beispielsweise in einem Chor. Die Gemeinschaft, das Zugehörigkeitsgefühl, das Singen und das gemeinsame Ziel der Aufführung – all das tut gut, fördert Zufriedenheit und Selbstbewusstsein und setzt sogenannte „Glückshormone" frei. Musik hilft uns, unseren Gefühlen Ausdruck zu verleihen, und hat sogar eine heilende Wirkung. Wie können wir uns das zunutze machen? Und steht dieses „Heilmittel" nur besonders musikalischen Menschen zur Verfügung?

Musik begegnet uns täglich. Wir hören sie nebenbei im Radio, beim Einkaufen oder aus den viel zu laut eingestellten Kopfhörern eines anderen Fahrgastes in der Straßenbahn. Wir genießen unsere persönlichen Lieblingslieder – mal entspannt zuhörend, mal gut gelaunt mitsingend. Musik polarisiert, lässt Herzen höherschlagen und ruft die unterschiedlichsten Gefühle hervor.

Aber ist Musik nur etwas für besonders feinfühlige oder musikalische Menschen? Oder ist sie bloß eine emotionale Begleiterscheinung unserer Kultur? Ich bin überzeugt: Wenn Gott die wohl wichtigste Botschaft für uns Menschen – die Geburt Jesu – von einem singenden Engelschor überbringen ließ, dann hatte das einen tieferen Sinn; es ging ihm nicht nur um die nette musikalische Untermalung eines wichtigen Ereignisses. Gott misst der Musik offenbar eine große Bedeutung bei. In der Bibel werden wir immer wieder aufgefordert, ihn zu loben – sowohl mit Instrumenten als auch in Form von gesungenen Liedern. Warum ist Musik so wichtig für uns Menschen?

Neben der gesprochenen Sprache und der indirekten Kommunikation ist die Musik ein weiteres sehr tiefgehendes Ausdrucksmittel. Gefühle, Botschaften und persönliches Erleben können in einer vielschichtigen Art und Weise und doch direkter mitgeteilt werden, als dies nur mit Worten möglich wäre. Wer singt oder musiziert, gibt immer auch etwas von sich preis.

Musik ist jedoch nicht nur ein Ausdrucksmittel, sondern auch ein unmittelbarer Zugang zu unseren Gefühlen. Das in der Musik ausgedrückte Gefühl überträgt sich auf die Gefühle der Zuhörer. Im Gegenzug spiegelt die bevorzugte Musik auch die momentane Befindlichkeit des Hörers wider. Vielleicht haben Sie schon einmal an sich selbst beobachtet, dass Sie eine CD mit lebhafter, fröhlicher Musik einlegen, wenn es Ihnen gut geht, und eine andere, wenn Ihnen das Leben gerade nicht so leichtfällt.

Musik beeinflusst unsere Gefühlswelt. Sie löst Emotionen aus, kann „Balsam für die Seele“ sein, für ein „Gänsehaut-Feeling“ sorgen und Erinnerungen wecken. Filmkomponisten machen sich die manipulative Seite der Musik zunutze, indem sie mithilfe der klanglichen Untermalung einer Filmszene beim Zuschauer ein bestimmtes Gefühl wecken oder verstärken.

Was wir unbewusst wahrnehmen, ist wissenschaftlich bewiesen: Musik verändert uns und hat Auswirkungen auf unseren gesamten Organismus. Am stärksten ist dieser Effekt beim Singen: Es ist gesund und macht glücklich. Diesem „Glückserlebnis Singen“ widmete die Zeitschrift GEO 2007 etwa vierzig Seiten. Dafür verantwortlich sind unter anderem die erhöhte CO_2-Konzentration durch das tiefere Einatmen und ein erhöhter Serotoninspiegel.

Darüber hinaus ist Singen „Balsam für die Seele“. Diverse Musikwissenschaftler/-innen haben Langzeitstudien durchgeführt, in denen nachgewiesen wurde, dass singende Menschen lebensfroher, ausgeglichener und zufriedener sind. Zudem haben sie ein größeres Selbstvertrauen, öfter gute Laune und sind psychisch belastbarer.

Blutuntersuchungen von Laienchorsängern vor und nach einer Probe haben gezeigt, dass während des Singens verschiedene Hormone ausgeschüttet werden, welche die Aggressivität und Stressanfälligkeit senken, für ein geringeres Schmerzempfinden sorgen und zudem die Selbstheilungskräfte stimulieren. Wissenschaftler/-innen konnten dies anhand einer erhöhten Anzahl von Antikörpern im Blut nachweisen. Während des einstündigen Gesangs war die Konzentration von Immunglobulin A und Kortisol deutlich gestiegen.

Gemeinsames Singen und Musizieren verändert auch das soziale Miteinander. Durch gegenseitiges aufeinander Hören wird die sensible Wahrnehmung für den anderen geschärft. Stimmungslage und Gemütszustand der Mitsänger/-innen oder der Band können besser und feinfühliger eingeschätzt werden.

Schon in der Bibel wird die heilende Wirkung von Musik beschrieben. Der junge David wurde immer wieder zu König Saul gerufen, um für diesen auf seiner Harfe zu spielen. Durch die sanften Klänge konnte sich der König meist wieder beruhigen, wenn es ihm nicht gut ging (1. Samuel 16,23).

Auch in der heutigen Zeit wird Musik therapeutisch eingesetzt. In der Musiktherapie kann sie Menschen mit körperlichen oder psychischen Krankheiten ins Leben zurückhelfen. Die Therapie ist dabei unabhängig von der Musikalität des Patienten. Allein die Wirkung des Klangs reicht aus, um Gefühle und Reaktionen auszulösen, egal, ob der Patient ein Musikstück anhört oder selbst improvisiert. Die verbesserte Selbstwahrnehmung hilft ihm, Ursachen und Hintergründe seiner Probleme ausfindig zu machen und mithilfe des Therapeuten aufzuarbeiten.

In meiner Arbeit als Gesangscoach spielt der therapeutische Ansatz ebenfalls eine wichtige Rolle. Im Hebräischen wird für „Seele“ und „Kehle“ dasselbe Wort verwendet. Das weist auf die Wechselwirkung der beiden Bereiche hin. In vielen Redewendungen, beispielsweise „Angst, die die Kehle zuschnürt“ oder „einen Kloß im Hals haben“, wird dieser Zusammenhang deutlich. Die eigene Persönlichkeit und die psychische Befindlichkeit haben hörbare Auswirkungen auf die Stimme und deren Entfaltungsmöglichkeiten. Arbeit an der Stimme bedeutet somit gleichzeitig Arbeit an der Persönlichkeit. Wenn wir die Kehle „bewegen“, hat das Einfluss auf unser Seelenleben. Singen setzt frei! Und weil wir das spüren, begleitet uns das Singen oft wie selbstverständlich durch den Alltag: unter der Dusche, beim Autofahren, während der Hausarbeit …

Immer wieder darf ich Menschen beim Singen in die Seele schauen, um anschließend die Kehle zum Klingen zu bringen. Dabei erlebe ich oft, wie sich die Stimme frei entfalten kann, wenn Schweres von der Seele abfällt.

Die Psalmschreiber, die wohl die ältesten Lieder verfasst haben, machen uns das vor: Es ist heilsam, wenn wir vor Gott unser Herz ausschütten und der Seele Luft machen.

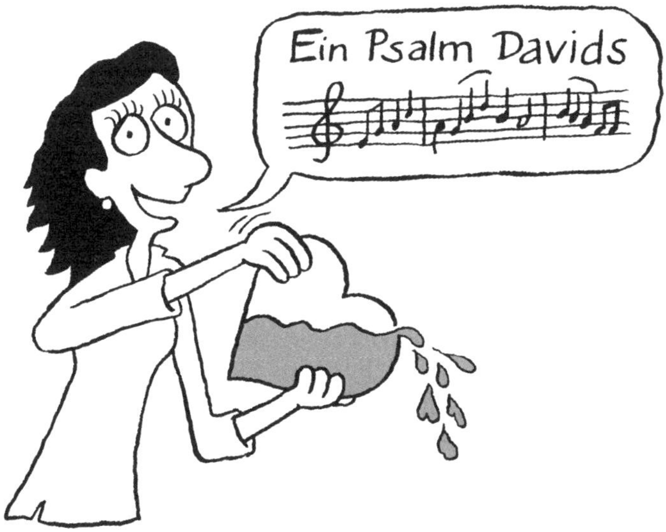

All das, was uns beschwert und belastet, dürfen und sollen wir an Gott abgeben – auch die möglicherweise quälenden Warum-Fragen. Wenn wir das Herz auf diese Weise ausleeren, schaffen wir damit Platz für etwas Neues und Gutes. Und erst dann, das ist auch meine persönliche Erfahrung, wenn wir dieses „Herz-Ausschütten" praktiziert haben, kann Gott diesen neuen Raum mit seinen Zuwendungen, seinem Trost und einem Frieden ausfüllen, der unser Denken übersteigt.

Lieder helfen, wenn mir selbst die Worte fehlen. Das können alte Lieder sein, wie Psalmen oder Choräle, aber auch zeitgenössische Musik, die mich in meiner Lebenswirklichkeit abholt. Das Ausdrücken von Gefühlen beim Singen hilft bei der Verarbeitung persönlicher Erlebnisse.

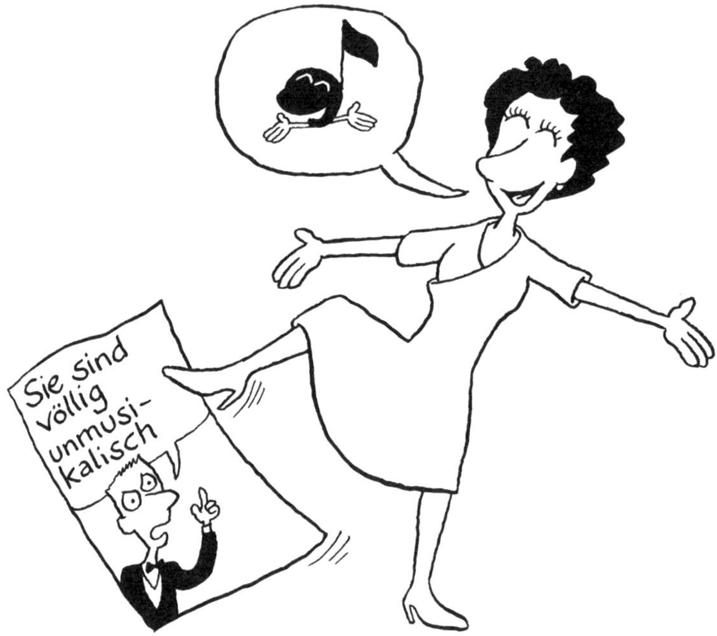

Wie bereits erwähnt: Wenn wir unsere Kehle „bewegen“, hat das Auswirkungen auf unsere Seele. Gleiches gilt auch umgekehrt: Wenn wir der Seele Luft machen, hat das Auswirkungen auf unsere Stimme und somit auf unsere Persönlichkeit, denn die Stimme ist sozusagen der Fingerabdruck der Persönlichkeit. Für mich ist es Berufung und Erfüllung zugleich, Menschen in meinen Coachings auf diese Weise zu einem neuen, befreiten Lebensgefühl zu verhelfen.

Aus meiner Erfahrung als Gesangslehrerin muss ich sagen: „Ja, es gibt sie, die Brummer!“ Aber selbst wenn jemand nicht gut singen kann, bedeutet das nicht zwangsläufig, dass er völlig unmusikalisch ist. Es gibt keinen Menschen, der überhaupt nicht auf Musik anspricht.

Musik ist stark mit unserer individuellen Entwicklungsgeschichte verbunden. Neugeborene sind in der Lage, Musikstücke wiederzuerkennen, die die Mutter während der Schwangerschaft gehört oder gesungen hat. Kinder im Vorschulalter sind meistens sehr an musikalischen Impulsen interessiert, ähnlich wie beim Erlernen der Muttersprache. Zwischen sechs und zehn Jahren machen sie oft erste eigene Musikerfahrungen, indem sie ein Instrument lernen oder im Kinderchor singen. Die in dieser Phase gemachten Erfahrungen tragen viel zu unserer späteren Selbsteinschätzung bei, ob wir uns für musikalisch halten oder nicht.

Menschen, die sich als unmusikalisch bezeichnen, verbinden meist weniger schöne Erlebnisse mit Musik: Sie wurden von den Klassenkameraden ausgelacht oder hatten selten Erfolgserlebnisse beim Musizieren. Musikalische Menschen dagegen erinnern sich meistens an positive Kindheitserlebnisse in Verbindung mit Musik.

Genetische Faktoren begünstigen zwar eine angeborene Fähigkeit, gut musizieren zu können, sind aber nicht die Grundlage für Musikalität. Die Fähigkeit, gut zu singen oder ein Instrument zu beherrschen, ist zum großen Teil erlernbar und hängt von psychologischen Aspekten, Motivation und Übungseinsatz ab.

Singen macht glücklich – das hat die Wissenschaft bewiesen. Wie sieht es mit einem Selbstversuch aus? Es kommt nicht darauf an, dass Sie mit den besten Sängern mithalten können. Lassen Sie sich inspirieren, und erleben Sie, dass das Singen zu einer besonderen Kraftquelle werden kann. Stimmen Sie einfach spontan ein Lied an – was Ihnen gerade in den Sinn kommt. Oder singen Sie beim Hören Ihrer Lieblings-CD mit. Sie werden spüren, wie die Musik Sie innerlich verändert und belebt.

Schlussgedanken

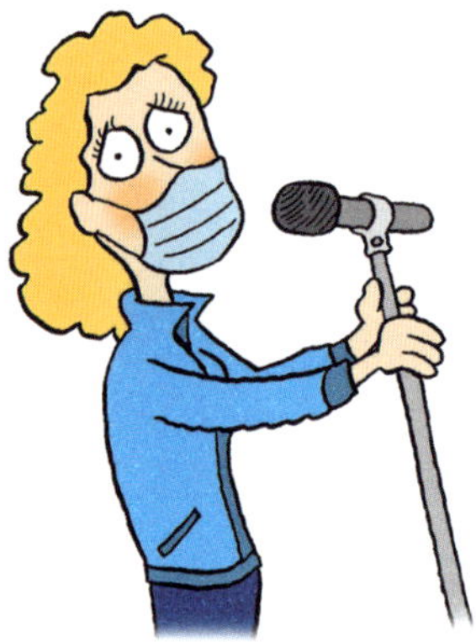

(Aus aktuellem Anlass)

Während ich meine Ausführungen und mein Manuskript zu Ende bringe, kämpft die Welt mit der Corona-Pandemie. Wie das Ganze sich entwickeln wird, ist noch nicht abzusehen. Ich wünsche mir und dir, dass wir, wenn du das liest, von einem vergangenen Phänomen sprechen und es uns allen wieder gut geht.

Momentan werden Veranstaltungen, Konzerte und Gottesdienste abgesagt, und wir befinden uns in einem Ausnahmezustand. In der Nachrichtensendung ZDFheute (13.03.2020) wurden Bilder aus Italien gezeigt: Italiens Bürger singen – in Quarantäne – von Balkonen und aus offenen Fenstern hinaus in die leeren Straßen. Sie sind isoliert – und doch zusammen! Christian Sievers (ZDFheute) kommentierte: „Wer zusammen singt, ist weniger allein!" Tatsächlich hat es mir die Tränen in die Augen getrieben. Denn eigentlich weiß ich, dass das so ist, aber in diesen besonderen Zeiten wird es mir in tröstlicher Weise noch einmal ganz anders bewusst!

In Gemeinschaft zu singen – in Chören, in Kirchen, bei Festen und Events –, hat eine unglaubliche Kraft und macht mehr als nur Spaß! Es ist wissenschaftlich nachgewiesen, dass gemeinsames Singen eine heilende Wirkung hat und schlichtweg glücklich macht (siehe Artikel „Musik – Heilmittel für Körper und Seele")! Das ist auch der Grund, warum ich insbesondere Schulungen und Workshops für Chöre und Gruppen so sehr liebe. Lassen wir uns das niemals nehmen!

Lasst uns singen – gemeinsam!

Nachwort

Es gäbe zum Thema Gesangscoaching noch vieles zu schreiben, was aber den Rahmen eines „Gesangscoachings to go" sprengen würde. Gehörbildung, Umgang mit dem Mikrofon, Monitoring bei Konzerten und so weiter – all das sind wichtige Themen, die hier nicht aufgeführt sind und die im Rahmen einer Stimmausbildung gezielt angegangen werden sollten.

Und noch etwas ist mir zum Abschluss dieses Buches sehr wichtig: Singen zu lernen, ist letztendlich etwas sehr Individuelles und braucht persönliche Zuwendung. Du erinnerst dich an meine Einstiegszeilen? Suche dir eine Lehrerin oder einen Lehrer, bei der/dem du dich wohlfühlst und mit der/dem du gerne arbeitest. Besuche Seminare und Workshops, um dich fortzubilden und auch um in und von der Gruppe zu lernen. Das habe ich beides selbst über die vielen Jahre meiner Gesangs- und Coachingtätigkeit immer wieder gemacht und mich somit neben meiner Arbeit weitergebildet. Auch in der Zusammenarbeit mit Kolleginnen und Kollegen durfte ich viele prägende Erfahrungen machen und von ihnen lernen. Dafür bin ich sehr dankbar!

Danke

Danken möchte ich an dieser Stelle von ganzem Herzen:

Allen meinen „**Schülerinnen und Schülern**", die im Laufe der Jahre an meinen Seminaren und Workshops teilgenommen haben (und das hoffentlich auch weiterhin tun werden!) und auch privaten Unterricht nahmen oder noch nehmen. Ich hoffe natürlich, dass ihr von und bei mir lernen konntet, aber: Ich habe auch durch euch sehr viel gelernt und manches weiterentwickeln können! Danke für euer Vertrauen!

Daniela Späth: Ohne dich und dein beständiges Motivieren und „Dranbleiben" würde es dieses Buch nicht geben. Danke für dein Mut-Machen, mich an dieses Projekt zu wagen! Danke für dein Vor- und Mitdenken, dein Begleiten und deine Unterstützung in der Entstehungsphase und darüber hinaus. Danke für das gemeinsame Reflektieren nach deinen Besuchen bei meinen Seminaren! Deine eigene Erfahrung als Sängerin und dein Blick – von außen sozusagen – waren besonders wertvoll für mich! Danke für dein großes Engagement!

Tiki Küstenmacher: Schon lange bin ich „Fan" deiner Zeichnungen. Und jetzt hast du mein Buch gestaltet – großartig! Ich will dir ganz herzlich danken, dass du dich auf mein Projekt eingelassen und es mit deinen witzigen und unterhaltsamen Zeichnungen immer wieder auf den Punkt gebracht hast! Du hast sehr kreativ ganz neue visuelle Zugänge zu den Inhalten geschaffen. Ich bin selbst so beschenkt – danke!

Alexandra Schlierf: Du hast ein so wunderschönes und kreatives Layout gemacht. Danke für so viel Herzblut, für so viel Engagement, für dein intensives Auseinandersetzen mit den Inhalten und für dein Mitdenken! Deine grafische Gestaltung setzt das Geschriebene noch einmal in ein ganz anderes Licht und ganz großartig in Szene. So ansprechend, so klasse! Ich danke dir von Herzen!

Rahel Täubert: Du bist eine tolle Fotografin – kreativ, sensibel und empathisch. Danke für so viele schöne Fotos! Und auch für deine wertvollen Tipps zum bühnenwirksamen Styling im Buch – toll, dass du uns alle an deinem Know-how als erfahrene Stylistin teilhaben lässt.

Michael Schlierf: Mit dir Musik machen zu dürfen, ist eine große Freude für mich! Danke für dein Mut-Machen – immer wieder –, dein Inspirieren und dein Ideengeben, auch bei diesem Projekt, und natürlich für das Umsetzen der Übungen sowohl im Buch als auch bei der Audiodatei. Von Herzen: Danke!

Esther Lindner-Haehl: Vielen Dank für die Erstkorrektur meines Skripts und für hilfreiche Tipps und Anregungen gerade in dieser wichtigen, ersten Phase.

Heide Frey: Es fällt mir nicht so leicht, meinen Dank für eine Wortfachfrau in Worte zu packen. Du hast das Buch mehr als nur gelesen. Du bist eingetaucht und hast alles so wunderbar feinfühlig, gekonnt, bis ins letzte Detail und mit großer Hingabe korrigiert und lektoriert. Mit deinem großen Fachwissen bist du mir außerdem zu einem wunderbaren Gegenüber geworden! Großen Dank also für den letzten Feinschliff und so vieles mehr!

SCM Hänssler: Wie schön, dass wir auch dieses Projekt gemeinsam umsetzen! Mein besonderer Dank gilt Katharina Fritz und Joachim Zinser – für euer konstruktives Begleiten, eure Unterstützung, euer Mitdenken und alle fachliche Beratung! Euer persönliches Engagement weiß ich sehr zu schätzen! Danke!

Audiodateien

Um eine ungefähre Vorstellung zu bekommen, wie die Übungen gemacht werden sollten, gibt es die Möglichkeit, eine Audiodatei zu 21 Übungen anzufordern unter:

https://www.beate-ling.de/audiocoaching.html

- Übung 1: für die Intonation — Seite 27
- Übung 2–4: für Artikulation und Zungenbeweglichkeit — Seite 31
- Übung 5–7: für die Klangträger — Seite 37

Weiterführende Übungen

- Übung 8: für einen entspannten und tiefgestellten Kehlkopf — Seite 41
- Übung 9–11: für bewegliche Lippen, Resonanz und einen strahlenden Klang — Seite 42
- Übung 12–13: für einen entspannten Kiefer — Seite 43
- Übung 14: für den Klangstrahl weit weg, nach vorne — Seite 43
- Übung 15: für die Resonanzräume und das stimmhafte „s" — Seite 44
- Übung 16: für einen entspannten Kehlkopf und die Erweiterung des Klangraums — Seite 44
- Übung 17–21: für das bewusste Ansingen eines jeden Tons und zur Erweiterung des Tonumfangs — Seite 45

Endnoten

1 vgl. Balhorn, Andrés (1996), S. 120

2 https://de.wikipedia.org/wiki/Intonation_(Musik) (abgerufen am 07.03.2020)

3 „Speech-Level-Singing"-Übungen von Seth Riggs, vgl. Riggs, Seth und Carratello, John Dominick (1985)

4 Text und Musik: Klaus-André Eickhoff, © 2017 SCM Hänssler, 71087 Holzgerlingen (Album: Leben atmen, Beate Ling)

5 vgl. Myer, Billi (1996), S. 120–124

6 vgl. https://www.duden.de/rechtschreibung/Interpretation (abgerufen am 28.09.2020)

7 vgl. Ploog, Karin (1999)

8 vgl. Stanislawski, Konstantin Sergejewitsch (1981)

9 vgl. Kmoth, Nadine (2007), S. 167–168

10 Rahel Täubert, MAKE UP + HAIR, https://www.raheltaeubert.de

11 Ling, Beate (2020) Musik – Heilmittel für Körper und Seele. In: E. Nieswiodek-Martin (Hrsg.) Probier's mal mit Gelassenheit. Asslar: Gerth Medien GmbH (S. 165–171)

Literaturangaben und weiterführende Literatur

Balhorn, Andrés (1996) Powervoice: Die praxisorientierte Methode für den Rock-/Pop-Gesang. Bergisch Gladbach: Musikverlage Hans Gerig

Feuerstein, Uta (2000) Stimmig sein: Die Selbstregulation der Stimme in Gesang und Stimmtherapie. Paderborn: Junfermann Verlag

Freytag, Martina (2003) Stimmausbildung in der Popularmusik: Ein Lehr- und Arbeitsbuch. Berlin: Henschel Verlag

Kmoth, Nadine (2007) Erfolgsfaktor Körperrhetorik: Überzeugen im Job mit Sprache, Mimik und Gestik. Heidelberg: Redline Wirtschaft, Redline GmbH

Knaus, Ulita (29.06.2019) Intonation beim Singen – wie kann man das üben? 9 Lernschritte zu einer besseren Intonation. https://www.bonedo.de/artikel/einzelansicht/intonation-beim-singen-wie-kann-man-das-ueben.html (abgerufen am 16.10.2020)

Linklater, Kristin (2005) Die persönliche Stimme entwickeln: Ein ganzheitliches Übungsprogramm zur Befreiung der Stimme (3. Auflage). München: Ernst Reinhardt Verlag

Marquard, Annette (2006) Vocal Practice: Stimmbildung für Sänger und Sprecher. Bergkirchen: PPVMedien GmbH

Myer, Billi (1996) Vocal Basics:
Der Weg vom Sprechen zum Singen.
Brühl: AMA Verlag GmbH

Penzenburg, Michael (2007) Stimmbildung:
Wissenschaftliche Grundlagen – Didaktik – Methodik.
Augsburg: Wißner-Verlag

Ploog, Karin (1999) Voicecoaching:
Das Trainingskonzept für Gesangstechnik.
Bonn: Voggenreiter Verlag

Riggs, Seth und Carratello, John Dominick (1985)
Singing for the Stars:
A Complete Program for Training Your Voice.
Sherman Oaks: Alfred Music Publishing

Seidner, Wolfram (2010) ABC des Singens:
Stimmbildung, Gesang, Stimmgesundheit.
Berlin: Henschel Verlag

Seidner, Wolfram und Wendler, Jürgen (2004)
Die Sängerstimme: Phoniatrische Grundlagen
des Gesangs. Berlin: Henschel Verlag

Stanislawski, Konstantin Sergejewitsch (1981)
Die Arbeit des Schauspielers an sich selbst.
Berlin: Verlag das Europäische Buch

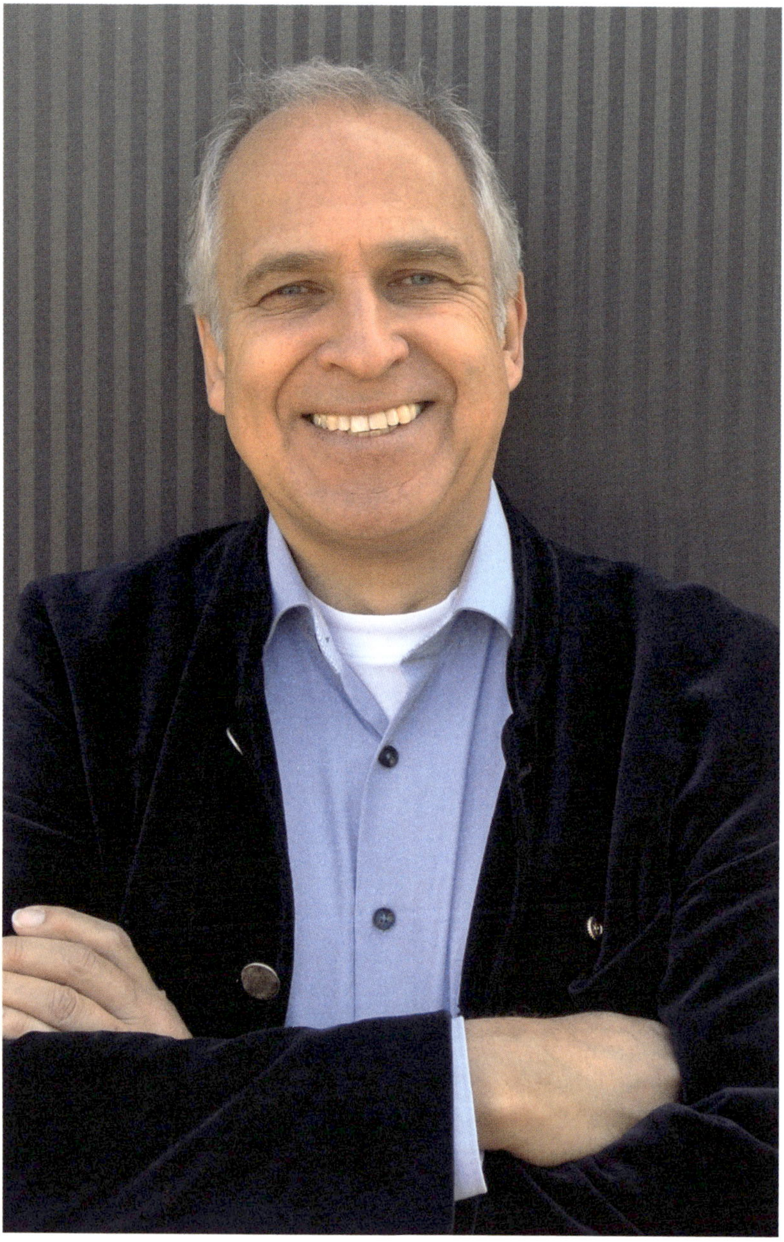

Tiki Küstenmacher

Werner Tiki Küstenmacher, Jahrgang 1953, ist verheiratet mit der Autorin Marion Küstenmacher und wohnt in Gröbenzell bei München. Die beiden haben drei erwachsene Kinder. Tiki ist gelernter evangelischer Pfarrer (seit 2006 im Ehrenamt) und Journalist. Seit seiner Kindheit ist er ununterbrochen als Karikaturist tätig. Bis heute hat er um die 120 Bücher veröffentlicht. Das etwa 70. davon wurde ein Weltbestseller: „simplify your life", erschienen 2001. Inzwischen ist simplify.de eine riesige Website zum Thema Lebensvereinfachung, und Tiki gehört zu den 100 meistgebuchten Rednern in Deutschland. Er ist regelmäßiger Mitarbeiter im Bayerischen Rundfunk und wurde 2009 in die „Hall of Fame" der German Speakers Association aufgenommen.

Mit 14 hat er sich selbst das Gitarrespielen beigebracht (linkshändig wie sein großes Idol Paul McCartney), auf der klassischen und der E-Gitarre. Er hat in ein paar Bands gespielt, und wenn er damals einen Gesangscoach wie Beate Ling kennengelernt hätte, wäre seine Karriere vielleicht ganz anders verlaufen. Dass er dieses Buch illustrieren durfte, war jedenfalls ein Fest für ihn – denn so, sagt er, konnte er wenigstens ein bisschen was für seine große Liebe tun: Music was my first love.

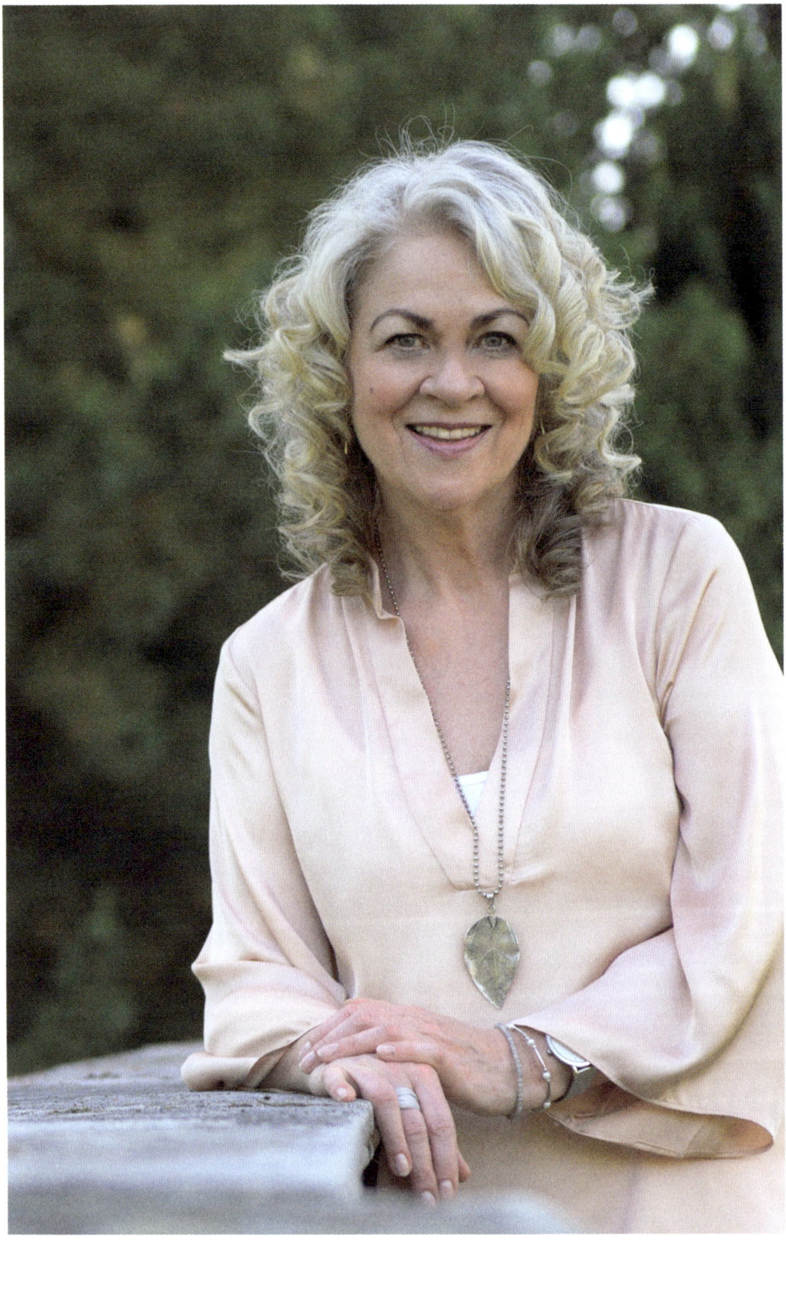

Beate Ling

Beate Ling lebt in Stuttgart und ist deutschlandweit zu Konzerten und als Referentin für Frühstückstreffen und unterschiedlichste Veranstaltungen unterwegs. Als Gesangscoach gibt sie Stimmbildungsseminare für Chöre, Ansingeteams, Solistinnen und Solisten.

Diese unterschiedlichen Betätigungsfelder als freiberufliche Sängerin und Gesangscoach haben eine Konstante: Beate Lings Einsatz und ihre Leidenschaft. Deutlich wird das auch in den Liedtexten, die ihr auf den Leib geschneidert sind: Lieder von Gott und der Welt, von Krisen und Höhepunkten, von Ängsten und Hoffnungen – selbst erfahren und durchlebt. Beate Ling singt diese Lieder nicht einfach, sie legt sich selbst hinein.

Wer ihr zuhört – live oder auf CD – wird mitgenommen, angesteckt, berührt und oft auch reich beschenkt! Ihr Markenzeichen: einfühlsame Balladen mit starken Texten und mitreißende Popsongs, die mitten ins Herz treffen.

Gesangscoaching

Beate Ling gibt als Gesangslehrerin sowie bei Seminaren und Schulungen für Solistinnen und Solisten, Musikteams, Chöre und Bands ihre Erfahrungen in Gesangstechnik und Stimmbildung weiter. Im privaten Gesangsunterricht liegt ihr eine individuelle Ausbildung am Herzen – auch von vielversprechenden Nachwuchstalenten, die sich beispielsweise auf Songcontests, Aufnahmeprüfungen und CD-Projekte vorbereiten.

Gemeinsam mit ihr wird erlernt, wie man verantwortlicher mit der Sprech- und Singstimme umgehen und sie optimal einsetzten kann (Sprachmelodie, Stütze, Klang). Aufgrund ihrer ganzheitlichen Sichtweise bedeutet Coaching für Beate Ling weit mehr als „nur" Singen beizubringen: Bei ihr entdeckt man das Zusammenspiel von Seele und Kehle!

Bestandteil jeder **Schulung:**

- Stimmbildung allgemein
- Gestaltung von Liedern
- Interpretation
- Bildhafte Tonvorstellungen und Intonation
- Phonetik und Artikulation
- Bühnenpräsentation
- Motivationsschulung

Referentin

Berufliche und persönliche Erfahrungen teilen und mit den daraus gewonnenen Werten und Impulsen andere voranbringen – mit diesem Ziel ist Beate Ling unterwegs. Ob Referat, Interview oder Seminar: Sie begeistert ihre Zuhörerschaft durch tiefe Inhalte, ihre unterhaltsame Art und ihren Humor.

Ihre fachlichen Vorträge und Seminare bereichert sie mit wertvollen Tipps aus einer langen Berufs- und Bühnenerfahrung als Sängerin und Gesangscoach. Daneben bildet ihre persönliche Biografie mit vielen Höhen und Tiefen die Grundlage für Themen und Gedankenanstöße, die die Zuhörenden berühren und zum Nachdenken anregen.

Vom **Referat** bis zum **Interview**:

- Frühstückstreffen für Frauen
- Frauenabende
- Vorträge und Seminare
- Musik und Talk
- Impulse und Schulungen

Konzerte

Die Live-Präsenz und die ganz persönliche Begegnung mit ihrem Publikum bilden einen Schwerpunkt der kreativen Tätigkeit von Beate Ling. Sie will in ihren Konzerten begeistern, berühren und bereichern. So wird ein Konzert zum Fest, zum Gottesdienst oder zur wohltuenden Atempause! Und das sind nicht nur Großveranstaltungen: Für Auftritte im kleineren Rahmen bietet sie ein spezielles Soloprogramm an. Beim „Wohnzimmerkonzert" wird der Wohnraum, ein Café oder sogar die Küche zur Bühne!

Gemeinsam mit Pianist Michael Schlierf bietet sie verschiedene **Konzeptkonzerte** an:

- Leben atmen
- Kreuzzeichen
- Herztöne
- Leben atmen im Advent

Aktuelles Album:

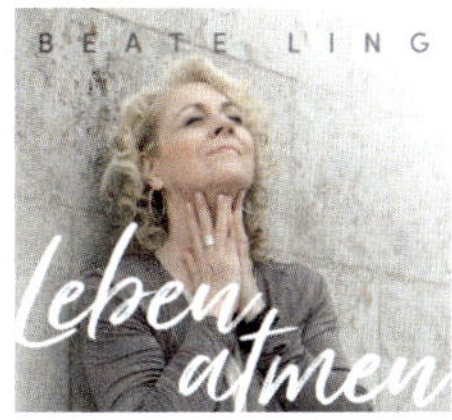

Informationen und Anfragen

Ich freue mich über Ihre Anfrage für Konzerte, Seminare, Coachings, Schulungen und Frauenveranstaltungen.

mail@beate-ling.de
www.beate-ling.de

Meine Notizen

Meine Notizen